essentials

essentials liefern aktuelles Wissen in konzentrierter Form. Die Essenz dessen, worauf es als „State-of-the-Art" in der gegenwärtigen Fachdiskussion oder in der Praxis ankommt. *essentials* informieren schnell, unkompliziert und verständlich

- als Einführung in ein aktuelles Thema aus Ihrem Fachgebiet
- als Einstieg in ein für Sie noch unbekanntes Themenfeld
- als Einblick, um zum Thema mitreden zu können

Die Bücher in elektronischer und gedruckter Form bringen das Expertenwissen von Springer-Fachautoren kompakt zur Darstellung. Sie sind besonders für die Nutzung als eBook auf Tablet-PCs, eBook-Readern und Smartphones geeignet. *essentials:* Wissensbausteine aus den Wirtschafts-, Sozial- und Geisteswissenschaften, aus Technik und Naturwissenschaften sowie aus Medizin, Psychologie und Gesundheitsberufen. Von renommierten Autoren aller Springer-Verlagsmarken.

Weitere Bände in der Reihe http://www.springer.com/series/13088

Patricia Adam

Agil in der ISO 9001

Wie Sie agile Prozesse in Ihr Qualitätsmanagement integrieren

Patricia Adam
Hochschule Hannover
Hannover, Deutschland

ISSN 2197-6708   ISSN 2197-6716   (electronic)
essentials
ISBN 978-3-658-28310-0   ISBN 978-3-658-28311-7   (eBook)
https://doi.org/10.1007/978-3-658-28311-7

Die Deutsche Nationalbibliothek verzeichnet diese Publikation in der Deutschen Nationalbiblio-
grafie; detaillierte bibliografische Daten sind im Internet über http://dnb.d-nb.de abrufbar.

Springer Gabler ist ein Imprint der eingetragenen Gesellschaft Springer Fachmedien Wiesbaden
GmbH und ist ein Teil von Springer Nature.
Die Anschrift der Gesellschaft ist: Abraham-Lincoln-Str. 46, 65189 Wiesbaden, Germany

Was Sie in diesem *essential* finden können

- Eine klare Definition und Abgrenzung von Agilität und agilen Praktiken als Ergänzung zu Prozessen und Projekten
- Die Möglichkeiten und Grenzen der Nutzung von agilen Praktiken in nach ISO 9001 zertifizierten Managementsystemen
- Typische Stolpersteine bei der Vereinbarung von agilen Praktiken mit der „klassischen" Organisationswelt
- Diverse Praxisbeispiele aus verschiedenen Branchen und Bereichen

Vorwort

Agilität ist „in". Wenn Sie das Schlagwort „Agilität" bei Amazon eingeben und nach Büchern suchen, erhalten Sie 355 Vorschläge. Wählen Sie das Schlagwort „agil", steigt die Anzahl sogar auf 668 Ergebnisse (Amazon 2019). Den Titeln – und meistens auch den Inhalten – dieser Fachbücher nach zu urteilen, ist Agilität „die" Lösung für fast alle aktuellen Managementprobleme: Agile Organisationen sind angeblich dynamischer und flexibler (Scheller 2017). Sie reagieren schneller auf Veränderungen und können sich schlanker aufstellen (Foegen und Kaczmarek 2016). Wenn Sie agil führen, können Sie in Teams mehr Leistung und eine höhere Kreativität erzeugen (Hofert (2016) und damit Ihre Organisation erfolgreich in die digitale Zukunft bringen (Hübler 2018).

Das Ziel dieses Buches ist es, Ihnen eine realitätsnahe Einschätzung von Agilität zu ermöglichen. Dabei soll es nicht nur Agilität definieren und abgrenzen. Es soll Ihnen zudem Leitlinien für die Möglichkeiten und Grenzen der Nutzung dieser modernen Variante der Organisationsgestaltung in zertifizierten QM-Systemen an die Hand geben.

Eine Organisation, die nicht zumindest mit agilen Methoden experimentiert, „Agility Labs" mit beschreibbaren Wänden und bunten Sitzsäcken einrichtet und Agilität als Heilsbotschaft verkünden lässt, gerät zunehmend in den Ruf reaktionär und nicht zukunftsfähig zu sein. Innerhalb der Organisationen trifft dieses Schicksal besonders häufig das Qualitäts- und Prozessmanagement. Diese Bereiche setzen traditionell auf gesteuerte Abläufe, dokumentierte Verfahren und die Überprüfung von Vorgaben. Sie tun sich aufgrund ihres Auftrags schwer mit nebulösen Versprechungen und unklaren Rahmenbedingungen. Dies umso mehr, wenn es ein nach ISO 9001 zertifiziertes Managementsystem zu erhalten gilt.

Es ist nur allzu verständlich, dass die Agilitätsversprechen Führungskräfte begeistern und sie diese Begeisterung möglichst schnell auf ihre Mitarbeiter und Organisationen übertragen wollen. Allerdings fehlt es den Vorstellungen zur Agilität häufig an Substanz und an einer realitätsnahen Abschätzung ihres möglichen Beitrags zur Organisationsentwicklung. So stehen sich die Agilitäts-Fans auf der einen („alles muss agil sein") und Prozessfans auf der anderen Seite („Prozesse sind gesteuert – Agilität ist doch nur Chaos") schnell unversöhnlich gegenüber.

Dieses Buch ist entstanden aus meinem Forschungsprojekt „Zertifizierung agiler Prozesse". Hierfür habe ich zunächst tiefgehende Interviews mit Vertretern von Unternehmen verschiedenster Branchen geführt, welche schon praktische Erfahrung mit der Nutzung von agilen Vorgehensweisen in ihren Unternehmen hatten. Erfragt habe ich insbesondere das Verständnis von Agilität, die konkrete Nutzung agiler Vorgehensweisen, die entstandenen Ergebnisse und Herausforderungen und etwaige Erfahrungen in QM-Audits. Die gewonnenen Erkenntnisse wurden noch um eine umfassende Literaturanalyse und meine Erfahrungen aus der Auditpraxis ergänzt und dann auf ISO 9001:2015 transferiert.

Soviel schon vorweg: Agilität ist weder die eierlegende Digital-Wollmilchsau mit garantierter Zukunftsfähigkeit noch das blanke Chaos ungeplanter Betriebsamkeit. Aber sie ist eine wichtige Ergänzung zu den bisher dominierenden prozess- und projektbezogenen Organisationsformen. Es lohnt sich also, Agilität zu entdecken!

P.S. In einem *essential* stehen die wesentlichen Informationen. Entsprechend habe ich darauf verzichtet, den Text durch die Nutzung der gendergerechten „*innen" zu verlängern. Wo es üblich ist, habe ich die neutrale Form verwendet. Ich gehe davon aus, dass alle Qualitätsmanager*innen, Innovationsmanager*innen und Mitarbeiter*innen sich trotzdem von den Inhalten ebenso angesprochen fühlen wie ich.

Patricia Adam

Inhaltsverzeichnis

Agil in Organisationen – was ist das? 1

Zusammenfassung

In diesem ersten Kapitel werden die Grundbegriffe Agilität, agile Teams sowie agile Praktiken definiert und klar von der klassischen Art der Arbeitsorganisation abgegrenzt. Zudem gibt es Hinweise, wann sich der Einsatz agiler Arbeitsweisen überhaupt lohnt und welche agilen Methoden häufig genutzt werden.

1.1 Agilität, agile Praktiken und die VUKA-Welt

Agilität ist ein echtes Modethema. Dabei ist allerdings das Verständnis von Agilität so breit wie die genutzten agilen Vorgehensweisen vielfältig. Weder in der Praxis noch in der Wissenschaft gibt es bisher ein einheitliches Verständnis davon, was Agilität nun genau bedeutet. Besonders divergent ist das Verständnis von Agilität in der Praxis. Im Rahmen der für das Forschungsprojekt „Zertifizierung agiler Prozesse" geführten Tiefeninterviews gab es viele Varianten. Die Definition von Agilität reichte von einzelnen Begriffen wie „Selbststeuerung" über das „flexible Reagieren auf Veränderungen" und dem allgemeinen „Umgang mit Ungeplantem" bis hin zu konkreten Tools: „Agilität ist Transition zu Scrum". Je mehr sich Unternehmen mit Agilität beschäftigten, desto komplexer wurde das Verständnis, sodass auch Begriffe wie „Mindset", „Werte", „Vorgehensmodelle" und „Methoden" fielen. Häufig wurde Agilität auch über das definiert, was es nicht ist: „Agil ist nicht planlos". Gelegentlich wurde Agilität sogar als grundsätzliches Gegenmodell zu einem prozessualen Vorgehensmodell verstanden. Die vielfältigen (Fach-)Veröffentlichungen bieten hier wenig Hilfe, sind sie doch ebenfalls weit von einer einheitlichen Definition entfernt. Was exakt ein agiles

© Springer Fachmedien Wiesbaden GmbH, ein Teil von Springer Nature 2020   1
P. Adam, *Agil in der ISO 9001*, essentials,
https://doi.org/10.1007/978-3-658-28311-7_1

Abb. 1.1 Die VUKA-Welt. (Eigene Darstellung)

Vorgehen auszeichnet und welche Merkmale Agilität eindeutig von den bisher üblichen Vorgehensweisen abgrenzen, wird häufig gar nicht, nur in sehr seltenen Fällen konkret und generell äußerst uneinheitlich dargestellt. Einigkeit herrscht jedoch in Theorie und Praxis darüber, dass Agilität etwas mit Flexibilität zu tun hat und dabei helfen soll, in einer zunehmend unsicheren und komplexen Welt Aktivitäten zielgerichtet zu steuern.

Daher ist es sinnvoll, zunächst an der gemeinsamen Ausgangslage anzusetzen: Flexibilität ermöglichen, um in der VUKA-Welt zu bestehen. Das Akronym **VUKA** (Englisch: VUCA) steht für eine Welt, in der eine exakte Planung nicht mehr möglich ist, weil sie von Volatilität, Unsicherheit, Komplexität und Ambiguität (manchmal auch im Deutschen „Ambivalenz" genannt) geprägt ist., wie in Abb. 1.1 dargestellt.[1]

---

[1]Eine sehr ausführliche Auseinandersetzung mit der VUKA-Welt findet sich z. B. in Scheller (2017, S. 19–42).

Volatilität: Kundenbedürfnisse ändern sich fast ohne Vorankündigung und Kapitalmärkte obliegen extremen Schwankungen.

Unsicherheit: Es wird immer deutlicher, dass die Zukunft nicht planbar ist. Umso schwieriger ist es, Strategien für ein solches Umfeld zu entwickeln.

Komplexität: Die Abhängigkeiten in globalen Lieferketten sind immer schwerer zu beherrschen. Die IT ebenso: Hatte das Space-Shuttle noch 400.000 Programmzeilen, so hatte Windows Vista 2007 bereits 50 Mio. Programmzeilen, SAP kommt auf 500 Mio. und Google vereint mehr als 2 Mrd. Codezeilen (Information is Beautiful 2015). Es verwundert deshalb nicht, dass die Software-Branche Vorreiter der Nutzung neuer Organisationskonzepte zur Beherrschung der VUKA-Welt ist.

Ambiguität: Die Mehrdeutigkeit einer Situation führt zur Gleichwertigkeit verschiedener Lösungen für bearbeitete Probleme. Es gibt nicht mehr die eine, perfekte Lösung, sondern es muss zwischen mehreren gleich guten (oder schlechten) Alternativen abgewogen werden.

Eine Organisation[2], die mit der VUKA-Welt konfrontiert ist, kann ihre betriebsinternen Abläufe nicht mehr durchgängig auf beherrschten Bedingungen aufbauen. Sie ist damit gezwungen, sich mit flexibleren Formen der Aufbau- und Ablaufgestaltung auseinanderzusetzen und andere Formen der Steuerung zu etablieren. Genau dafür wurde Agilität entwickelt.

▶ **Merke** Agilität gilt als „Wunderwaffe" gegen die VUKA-Welt.

Im Gegensatz zu zahlreichen Veröffentlichungen, die sich auf die einfache Formel bringen lassen „Agil = neu und hip, Prozessmanagement = alt und doof" zeigt ein realistischer Blick auf die Steuerung von Organisationen, dass unterschiedliche Bereiche unterschiedlichen Bedingungen unterliegen. Insofern ist es sinnvoll, sich nicht an einem 100 %-Modell zu orientieren sondern an der Idee eines angemessenen Grades an Agilität. Darauf wird auch in Abschn. 1.5 näher eingegangen.

---

[2] „Organisation" wird hier in dem umfassenden Sinn der ISO 9000:2015, 3.2.1 verstanden und umfasst somit alle Personen und Personengruppen, welche für die Erreichung von Zielen eigene Funktionen ausbilden: Einzelunternehmer, Unternehmen mit oder ohne Erwerbszweck, Verbände, Vereine, Behörden sowie Institutionen aller Art, egal ob öffentlich oder privat, eingetragen oder nicht.

Entsprechend lässt sich Agilität im Organisationskontext folgendermaßen definieren:[3]

▶ **Agilität im Organisationskontext:** Eine Organisation ist agil, wenn sie den Umgang mit ständiger Unsicherheit und daraus entstehenden ungeplanten Situationen als selbstverständlichen Teil ihrer Existenz begreift und systematisch in die Steuerung ihrer Aktivitäten integriert. Der Grad an Agilität einer Organisation wird bestimmt durch die Nutzung agiler Praktiken und Methoden und die Ausrichtung an agilen Werten und Prinzipien.

Für die praktische Nutzung und Abgrenzung zur Flexibilität ist es notwendig, diese allgemeine Definition noch um weiterführende Informationen zu ergänzen. Analog zur ISO 9000:2015 erfolgen notwendige Ergänzungen über Anmerkungen:

> **Anmerkungen zur Definition „Agilität im Unternehmen"**
> - Anmerkung 1: Agile Werte und Prinzipien basieren auf den vier agilen Werten und zwölf agilen Prinzipien des Agilen Manifests und sind in Abhängigkeit von Organisation, Umfeld und Branche individuell zu gestalten.

Das Agile Manifest (in der Originalübersetzung das „Manifest für agile Softwareentwicklung") ist der Meilenstein und Ausgangspunkt des heutigen Grundverständnisses von Agilität. Es wurde 2001 von Jim Highsmith und einer Gruppe von agilen Softwareentwicklern („The Agile Alliance") entwickelt, im Internet offen publiziert und inzwischen in 68 Sprachen übersetzt (The Agile Alliance 2001). Die darin definierten vier agilen Werte und zwölf agilen Prinzipien beschreiben wesentlich das, was in den meisten neueren Veröffentlichungen als „Agiles Mindset" (siehe auch Abschn. 3.2) ausgestaltet wird. Darin wird propagiert, eine neue Gewichtung der Leitwerte vorzunehmen: Weg von Prozessen, Dokumentation, Vertragsverhandlungen und detaillierter Planung hin zur Betrachtung von Individuen und deren Interaktionen, Sicherstellen der Funktionsfähigkeit

---

[3]Die meisten der nachfolgenden Definitionen zu Agilität und agilen Praktiken wurden erstmals unter Creative Commons publiziert in Adam (2018).

der Ergebnisse, Wertschätzung der Zusammenarbeit mit dem Kunden und dem Reagieren auf Veränderung. Dies verlangt von den Organisationen und ihren Mitarbeitern auf allen Ebenen eine bestimmte Haltung und die Bereitschaft, Verantwortung für eine nachhaltige, selbst organisierte Organisationsentwicklung zu übernehmen. Deswegen geht die Einführung von Agilität häufig mit einer erheblichen Kulturveränderung einher. Benedikt Sommerhoff hat für die DGQ 2016 eine auf dem Agilen Manifest basierende Interpretation und Weiterentwicklung für agiles Qualitätsmanagement (QM) veröffentlicht (Sommerhoff 2016).

Für die Überprüfung der möglichen Nutzung agiler Praktiken in einem Qualitätsmanagementsystem (QM-System) fehlt es jetzt noch an einer konkreten Definition und einer klaren Abgrenzung agiler Praktiken.

▶ **Agile Praktiken:** Agile Praktiken sind Vorgehensweisen, um in ungeplanten Situationen unter Unsicherheit durch eigenständig arbeitende Gruppen kompetenter Individuen Lösungen zur Erreichung der Organisationsziele zu entwickeln und umzusetzen. Agile Praktiken können grundsätzlich informell ausgestaltet oder festgelegt sein. Die genutzten Vorgehensweisen sind typischerweise iterativ.

Anmerkungen zur Definition „Agile Praktiken"

- Anmerkung 1: Eigenständig arbeitende Gruppen kompetenter Individuen zeichnen sich dadurch aus, dass sie als Gruppe selbstbestimmt und eigenverantwortlich handeln. Das bedeutet, dass sie zumindest die Bearbeitungsmethoden frei wählen und im Rahmen der Lösungserarbeitung selbstständig Entscheidungen treffen können ohne Führungsfunktionen zu benennen oder weitere Verantwortliche hinzuziehen zu müssen. Diese Gruppen werden auch als selbststeuernde Teams oder agile Teams bezeichnet.
- Anmerkung 2: Iterative Vorgehensweisen zeichnen sich dadurch aus, dass das konkrete Vorgehen nicht von vorneherein im Detail geplant, sondern erst nach und nach ausgestaltet wird. Bestimmend sind kurze Entscheidungs- und Feedbackzyklen, sodass der eingeschlagene Weg regelmäßig überprüft wird und ungünstige Auswirkungen oder ungewollte Resultate kurzfristig korrigiert werden können.
- Anmerkung 3: Beispiele für den Einsatz agiler Praktiken sind selbststeuernde Ad-hoc-Arbeitsgruppen, Standup-Meetings und Service Design Labs.

- Anmerkung 4: Agile Methoden sind Sonderfälle agiler Praktiken, welche für vorgegebene Anwendungsfälle definiert sind und in verschiedenen Organisationen standardisiert angewendet werden können. Beispiele für agile Methoden sind Scrum, Kanban Boards und Extreme Programming.

Damit lassen sich agile Praktiken deutlich von einem chaotischen, irgendwie flexiblem Vor-sich-hin-arbeiten abgrenzen. Erstens bedarf es eines VUKA-Problems, welches im Sinne der Organisationsziele gelöst werden soll. Zweitens werden die richtigen Personen benötigt, denn ein agiles Team besteht aus (für die Fragestellung) kompetenten Individuen. Drittens werden iterative Vorgehensweisen genutzt, um sich so einer optimalen Lösungsgestaltung unter Unsicherheit anzunähern.

▶ **Merke** Agile Praktiken lösen VUKA-Probleme und sind bestimmt durch selbststeuernde, agile Teams und die Nutzung agiler, iterativer Vorgehensweisen

Im Folgenden werden diese Aspekte hinsichtlich ihrer praktischen Ausgestaltung ausführlicher erläutert.

1.2 Das agile Team – Qualitätszirkel reloaded

Agilität ist immer eine Teamaufgabe. Eine Einzelperson kann zwar flexibel sein, aber nicht agil. Ein wirklich agiles Team zeichnet sich dadurch aus, dass es selbstständig entscheiden kann. Dazu braucht es keine Führungskraft mehr. Die Selbststeuerung erstreckt sich darauf, welche Aufgabe sich das Team vornimmt (Zielfestlegung), wie es die Aufgabe abarbeitet (Methodik und Tools), wer was macht (Aufgabenzuteilung) und wann es fertig ist (Zeitvorgabe). Damit ist eine Führungskraft, die traditionell die meisten der genannten Aspekte entscheidet, schlicht überflüssig.

Die Grundidee ist, dass in der VUKA-Welt selbst eine sehr gut informierte Führungskraft nicht alle relevanten Aspekte für eine gute Entscheidung übersehen kann. Damit muss sie sich ohnehin mit den Experten im Team abstimmen. Eine Teamentscheidung ist dann optimal, wenn alle benötigten Kompetenzen und Perspektiven mit an Bord sind. Irgendwelche Personen, die zufällig Zeit haben, in ein Design Lab zu sperren und sie mit der Aussage „nun seid 'mal alle agil" zum Arbeiten aufzufordern wird nur in den seltensten Fällen ein sinnvolles Ergebnis bringen. Ebenso wichtig ist auch die Bereitschaft der Kompetenzträger, sich auf diese neue Art des Arbeitens – nämlich mit iterativen, agilen Vorgehensweisen – einzulassen.

Rettungsdienst

Selbststeuernde Teams sind nicht in allen Branchen neu. Wenn ein Rettungswagen zum Einsatzort kommt, befinden sich immer zwei Rettungsassistenten oder Notfallsanitäter an Bord. Das Team auf einem Notarzteinsatzfahrzeug besteht aus einem Notarzt und einem Rettungsassistenten oder Notfallsanitäter. Die Behandlung am Einsatzort wird von den Rettungskräften in gemeinsamer Absprache vorgenommen und reicht von Medikamentengabe zur Kreislaufstabilisierung bis zur intensivmedizinischen Behandlung wie künstlicher Beatmung. Notfallrettung ist immer eine Teamaufgabe. Zur Absicherung der Kompetenz der Teammitglieder gibt es eine intensive Spezialausbildung, welche mit mindesten 40 h Fortbildung pro Jahr aktuell gehalten wird (Rettungsdienst-Kooperation in Schleswig-Holstein (RKiSH) gGmbH 2019b). Die Notfallrettung agiert in einer typischen VUKA-Umgebung: Einsatzort, Patienten und Situation wechseln ständig und sind vom Rettungsdienst nicht zu beeinflussen – also weit weg von den beherrschten Bedingungen klassischer standardisierter Produktionsprozesse. Dabei ist z. B. der RKiSH seit 2008 nach ISO 9001 zertifiziert (Rettungsdienst-Kooperation in Schleswig-Holstein (RKiSH) gGmbH 2019a).

Bei größeren agilen Teams, wie z. B. in Entwicklungsprozessen, ist es sehr hilfreich, einen erfahrenen Moderator einzusetzen. Es geht darum, den Arbeitsprozess mit Hilfe von geeigneten Methoden zu unterstützen. So ein Moderator sorgt dafür, dass passende agile Tools – also Vorgehensweisen und Methoden – eingesetzt werden und dass Teamentscheidungen und ihre Einhaltung allen Mitgliedern transparent gemacht werden. Dafür benötigt er einen Fundus an agilen Tools und Erfahrung mit Abstimmungsprozessen in agilen Teams, um eine effiziente Arbeitsweise des Teams abzusichern.

Qualitätsmanagern ist der Umgang mit agilen Teams üblicherweise nicht fremd. Schließlich stand am Anfang der QM-Bewegung bereits die Erkenntnis, dass es sinnvoll ist, Verbesserungsideen von denjenigen durchführen zu lassen, die direkte Erfahrungen mit den betroffenen Prozessen haben. Genau dafür wurden ursprünglich Qualitätszirkel entwickelt und Arbeiter in den Q7-Qualitätswerkzeugen geschult. So gesehen stellen agile Teams nur eine konsequente Weiterentwicklung dar, eine Art „Qualitätszirkel reloaded".

Dennoch ist für die meisten Organisationen der Einsatz echter agiler Teams ohne Führungskraft durchaus revolutionär. Nähere Informationen zu den praktischen Herausforderungen sind Abschn. 3.2 und 3.3 zu entnehmen.

1.3   Der Arbeitsprozess agiler Teams

Der konkrete Arbeitsprozess eines agilen Teams kann sehr unterschiedlich aussehen. Der Einstieg in die Agilität erfolgt häufig über Ad-hoc-Arbeitsgruppen, welche sich selbstständig dringend notwendiger Verbesserungsmaßnahmen annehmen oder Sonderaufträge abarbeiten. Das Team klärt für sich das Thema, wählt selbst Meetingfrequenz und verwendete Vorgehensweisen und kann sich frei für eine der entwickelten Lösungen entscheiden. Ein wirklich agiles Team erhält auch die nötigen Ressourcen, die gefundene Lösung direkt umzusetzen. Für diese Teams werden alle an Bord geholt, welche sich mit dem zu behandelnden Thema auskennen und dazu wichtige Perspektiven beisteuern können und wollen. Dann werden zunächst wesentliche Aspekte und Ideen gesammelt, üblicherweise mit Hilfe von Qualitäts-, Management- oder Kreativitätswerkzeugen. Agile Teams zeichnen sich dadurch aus, dass sie weniger mit den altbewährten Standardmethoden (z. B. Q7, M7) arbeiten, sondern mehr mit ungewöhnlichen visuellen und co-kreativen Methoden. Dazu gehören z. B. Visual Facilitation oder Lego Serious Play. Deshalb werden in immer mehr Unternehmen agile Arbeitsräume mit klingenden Titeln wie „Design Lab", „Agile Workspace" oder „KreativRaum" eingerichtet. Die dahinterstehenden Raumkonzepte fördern Interaktion und Gruppenarbeit. Sie nutzen flexible Möbel wie rollbare Tische und Stühle, verschiebbare Wände, Sofas und Sitzsäcke für verschiedene Settings. So können im fliegenden Wechsel Gesamtgruppenarbeit, Kleingruppen- und Einzelarbeit kombiniert werden, und das jeweils im Sitzen, Stehen und manchmal sogar im Liegen. Hinzu kommen umfangreiche Möglichkeiten von Aufzeichnungen, wie z. B. beschreibbare Wände, Whiteboards und elektronische Whiteboards, Flipcharts, Pinnwände und die noch flexibleren Kapa-Platten. Außerdem finden sich in den Räumen bereits alle benötigten Materialien, z. B. Lego-Steine, Knete, sechs Hüte, Post-its oder Bildkarten.[4] Je mehr

---

[4]Weiterführende Informationen sind u. a. erhältlich bei Klaffke (2019).

Erfahrung eine Ad-hoc-Arbeitsgruppe mit agilen Vorgehensweisen hat, desto variantenreicher wird die Auswahl an verwendeten Methoden und der Arbeitsprozess insgesamt. Hieran wird auch noch einmal deutlich, dass es sehr hilfreich sein kann, erfahrene Moderatoren heranzuziehen, welche sich mit agilen Arbeitsprozessen und co-kreativen Methoden auskennen. Diese sorgen auch dafür, dass das Team festlegt, wann und wie es Entscheidungen trifft. Häufige und regelmäßige Abstimmungs- und Auswahlzyklen sind typisch für iterative, agile Vorgehensweisen. Dabei werden die nicht priorisierten Ideen und Lösungen nicht verworfen, sondern in Form eines Themenspeichers erhalten. So kann später, sollte sich eine Idee in nachfolgenden Stadien als unpassend oder nicht realisierbar erweisen, darauf zurückgegriffen werden. In dieser eher milden Form ist Agilität erkennbar ein „Qualitätszirkel reloaded". Erheblich anspruchsvoller wird es, wenn Kernprozesse reorganisiert und anstelle der üblichen arbeitsteilig organisierten Prozesse selbststeuernde Teams treten.

Individuelle Kundenauftragsbearbeitung

Ein befragtes Unternehmen fertigt aus ca. 30 Basisprodukten rund 10.000 verschiedene Produktvarianten durch auftragsbezogene Einzelfertigung. Dem Kunden wird versprochen, dass sein Auftrag innerhalb von 24 h bearbeitet ist. Um das zu schaffen, wurden in der Auftragsbearbeitung die beteiligten Abteilungen aufgelöst und stattdessen funktionsübergreifende agile Teams gebildet. Diese entscheiden selbst, welche Aufträge sie sich nehmen und abarbeiten. Bei der Bearbeitung helfen sich die Mitarbeiter in einem Team und notfalls teamübergreifend gegenseitig aus. Keiner geht nach Hause, bevor nicht alles „durch" ist. Damit die Mitarbeiter sich gegenseitig unterstützen können, wurden und werden sie intensiv qualifiziert. Die Einsatzmöglichkeiten sind in einer Qualifikationsmatrix festgehalten.

Zu den typischen agilen Vorgehensweisen gehören auch Standup-Meetings. Damit alle Mitarbeiter über den Arbeitsfortschritt ihrer Teamkollegen informiert sind, kommen z. B. jeden Morgen alle Mitarbeiter 15 min im Stehen zusammen. Jeder berichtet kurz und knapp darüber, was er geschafft hat und wo er vielleicht noch Unterstützung benötigt. So koordiniert das Team seine Aktivitäten und behält die Zielerreichung im Blick. Der knappe Zeitrahmen hilft dabei, sich auf das Wesentliche zu konzentrieren. Für eine ausführliche Reflexion des Erreichten oder eine grundsätzliche Neuausrichtung gibt es ergänzend andere Formate.

Abb. 1.2 Besonderheiten iterativer Vorgehensweisen. (Eigene Darstellung)

In einer echten VUKA-Umgebung ist eine detaillierte Planung und Festlegung der Aktivitäten vorab nicht sinnvoll möglich, da nicht genügend verlässliche Informationen vorliegen (können). Deshalb funktionieren iterative, schrittweise ausdetaillierte Prozesse hier erheblich besser als umfangreiche Prozessvorgaben und Feinplanungen, welche doch nur eine vorgeschobene Planungssicherheit vermitteln. Dennoch ist der Umgang mit diesen iterativen Prozessen eine Herausforderung, wie in Abb. 1.2 dargestellt.

1.4   Agile Methoden – Kanban Boards, Scrum & Co

Agile Vorgehensweisen können sehr individuell gestaltet sein und haben sich häufig aus einem sehr speziellen Einsatzzweck in einer besonderen Umgebung entwickelt. Wie bereits in Abschn. 1.1 definiert, sind hingegen agile Methoden Sonderformen agiler Vorgehensweisen, welche standardisiert in verschiedensten Branchen und Organisationen eingesetzt werden können. Manche dieser Methoden sind sogar so allgemein gehalten, dass sie für sehr verschiedene Einsatzzwecke herangezogen werden können.

Tab. 1.1 Agile Methoden und ihre Anwendungsbereiche – ausgewählte Beispiele

Agile Methode	Anwendungs-bereich	Definition	Weitere Infos
BarCamp	Weiterbildung	Agiles Tagungsformat („Un-Konferenz" für Großgruppen). Vorgegeben wird nur das Oberthema, die einzelnen Diskussions- und Workshopthemen werden von den Teilnehmern vorgeschlagen, ausgewählt und selbst moderiert (ähnlich wie Open Space)	https://kommunikation-mittelstand.digital/methoden/barcamp/
Brown Bag-Meeting	Weiterbildung	Selbstorganisiertes Lernformat. Interessierte Mitarbeiter treffen sich für ca. 1,5 h in einem Seminarraum zu einem angekündigten Thema. Ein Mitarbeiter stellt den anderen sein Thema vor und beantwortet Fragen. Die Teilnehmer können währenddessen ihr mitgebrachtes Essen verzehren	https://digitaler-mittelstand.de/business/ratgeber/brown-bag-session-weiterbildung-beim-mittagessen-47419
Design Thinking	Entwicklung	Innovationsmethode. Strukturierter, iterativer Ansatz zur kreativen Ideenfindung unter Nutzung vielfältiger Designmethoden. Ausgangspunkt ist die Nutzerperspektive	Lewrick, M., Link, P., & Leifer, L. (Hrsg.) (2017). Das Design Thinking Playbook. München: Vahlen
Extreme Programming	IT/Software-Entwicklung	Agiles Vorgehensmodell für die Softwareentwicklung mit dem Postulat der Einfachheit und Kundenorientierung. Verzahnte Praktiken wie z. B. paarweise Entwicklung werden in getakteten Intervallen durchgeführt. Der Code wird abschnittsweise erstellt und durch ständige Tests optimiert („Test-First-Ansatz")	http://www.extremeprogramming.org
Kanban-Board	Teamorganisation	Tool zur Visualisierung des Workflows eines Teams, z. B. in Projekten. Es schafft Transparenz über den Arbeitsfortschritt und ggf. entstehende Engpässe. Über Work-in-Progress-Limits erleichtert es eine gezielte Ressourcensteuerung	https://www.scrum.org/resources/kanban-guide-scrum-teams

(Fortsetzung)

Tab. 1.1 (Fortsetzung)

Agile Methode	Anwendungs-bereich	Definition	Weitere Infos
Kickbox	Innovation/ Weiterbildung	Agiles Innovationsformat zur individuellen Anwendung oder als Lernformat in Form von Team-Kickboxen verwendbar. Die Kickbox enthält Hinweise und Arbeitspakete, welche die Lern- oder Innovationsprozesse der Nutzer vorstrukturieren. Ursprünglich von Adobe für die Innovationsförderung entwickelt	https://kickbox.org/
Lego Serious Play	Entwicklung/Teambuilding	Methode zur Ideengenerierung. In einem strukturiert moderierten Prozess werden Ideen oder Problemlösungen als Lego-Modelle gestaltet. Der teambasierte Ansatz basiert auf Storytelling: Jeder baut, jeder erzählt	www.davidgauntlett.com/ wp-content/uploads/2013/04/ LEGO_SERIOUS_PLAY_ OpenSource_14mb.pdf
Scrum	Entwicklung	Inkrementelles Vorgehensmodell für Entwicklungsprojekte, insbesondere in der Softwareentwicklung. Die Entwicklung erfolgt modulweise in zeitlich begrenzten Abschnitten (Sprints) durch drei festgelegte Rollen (Product Owner, Scrum Master, Scrum Team) auf Basis eines detailliert definierten, kundenzentrierten und transparenten Prozesses	https://www.scrumguides.org/ docs/scrumguide/v2017/2017-Scrum-Guide-German.pdf
Working Out Loud (WOL)	Persönliche Weiterentwicklung	Selbstgesteuerter Peer-Support-Ansatz. 4–5 Personen finden sich als Working Out Loud Circle zusammen, um sich gegenseitig bei der Erreichung ihrer individuellen Entwicklungsziele zu unterstützen. Gemeinsam treffen sie sich 12 Wochen lang für je eine Stunde die Woche, um nach einem vorstrukturierten Prozess (Circle Guide) an ihren Zielen zu arbeiten. Die Treffen können real oder virtuell abgehalten werden	https://workingoutloud.com/de/ circle-guides

Literatur zu diesen Methoden gibt es inzwischen reichlich.[5] Häufig werden allgemeingültige Anleitungen zu ihrer Nutzung sogar unter Creative Commons im Internet zur Verfügung gestellt. Tab. 1.1 bietet einen sehr individuell ausgewählten Kurzüberblick gängiger agiler Methoden.[6]

Dem erfahrenen Qualitätsmanager oder Moderator sind einige dieser Methoden schon seit Jahren vertraut. Manche stammen aus älteren Konzepten zur Organisationsgestaltung wie z. B. dem Lean Management oder aus dem Fundus der Kreativitätstechniken. Dies unterstreicht die Einschätzung, dass agiles Arbeiten so ungeheuer neu gar nicht ist. Positiv gesehen bietet die Bereitschaft von Organisationen, sich konsequent auf Agilität (also selbststeuernde agile Teams und iterative Arbeitsweisen) einzulassen für manche von den älteren Methoden erstmals einen Rahmen, in welchem sie ihr volles Potenzial entfalten können.

Kanban-Board – How (not) to do it

In manchen Organisationen werden agile Methoden übernommen, ohne sich vorher mit ihren Grundideen auseinander zu setzen. Ein typisches Beispiel dafür ist die Nutzung von Kanban-Boards. Das simple Grundprinzip, dass jeder sich selbst das nächste Arbeitspaket sucht („Pull") und ein Kärtchen der Status-Übersicht für im Team derzeit abgearbeiteten Aufgaben hinzufügt, wird gern und häufig in agilen (Projekt-)Teams verwendet. Soweit ist ein Kanban-Board nur eine visuell etwas aufgepeppte Team-To-do-Liste. Durchaus nützlich, aber letztlich nur ein einfaches Whiteboard mit ein paar Informationen darauf, welches real vor Ort oder elektronisch (z. B. mit Trello oder Jira) realisiert werden kann. So schön es ist, sich gemeinsam anhand einer solchen Tafel über den aktuellen Arbeitsstand des Teams zu informieren, so wenig hilft es einem Team, täglich ein buntes Zettelgewirr entziffern zu müssen, um auch „agil" herüberzukommen.

Hinter der zu Recht beliebten Methode des Kanban-Boards steckt jedoch mehr. Zum Grundprinzip gehört nämlich neben der Visualisierung u. a. auch die Limitierung. Das wird erreicht durch eine klar definierte Steuerungslogik unter Nutzung sogenannter WIPs, also „Work-in-Progress"-Grenzen. Diese geben die maximale Anzahl der Arbeitspakete pro Phase vor, welche gleichzeitig abgearbeitet werden können. Solche Grenzen paralleler Arbeit sind strikt einzuhalten. Die Visualisierung am Kanban-Board signalisiert, in welcher Phase sich die Arbeit staut (siehe Abb. 1.3). Ein solcher Engpass blockiert

---

[5]Unter anderem hat sich die Studie von Komus (2017) mit der Bedeutung einzelner agiler Methoden beschäftigt, jedoch mit einem starken Schwerpunkt auf Software-Entwicklung.

[6]Zur tiefergehenden Beschäftigung mit agilen Methoden sind weitere Literaturquellen zu empfehlen. Für agile Lernformate insbes. Graf, Gramß und Edelkraut (2017). Für Lego Serious Play gibt es detaillierte Informationen zur Methodik bei Blair und Rillo (2019).

Abb. 1.3 Kanban-Board. (Eigene Darstellung)

die weitere Abarbeitung und hindert den gleichmäßigen Fluss der Arbeit durch das Team. Als Reaktion auf das Signal sollen dann Eingriffe erfolgen, um die Blockaden aufzulösen. Dabei wird am Kanban-Board auch ganz schnell deutlich, wenn ein solcher Eingriff nicht zu Ende gedacht wurde und der Stau sich nur auf nachfolgende Schritte verlagert. Dies passiert z. B., wenn zur Abarbeitung fachfremde Mitarbeiter eingesetzt werden, welchen dann Fehler passieren, die erst beim Check auffallen und danach mühsam behoben werden müssen.[7] Auf diese Weise genutzt, entfaltet das Kanban-Board tatsächlich einen überzeugenden Mehrwert.

1.5 Prozesse, Projekte und Agilität – die Qual der Wahl

Organisationen haben verschiedene Möglichkeiten, die Erfüllung ihrer Aufgaben und damit ihre Zielerreichung zu gestalten. Gängig ist eine Gestaltung auf Basis von Prozessen oder Projekten. Eine Prozessorganisation (frei nach ISO

[7]Hanschke (2017, S. 22–24); Eisenberg (2018, S. 163–164). Das letztgenannte Buch zeigt die Möglichkeiten der Nutzung von Kanban auf sehr unterhaltsame Weise auf.

9000:2015, 3.4.1) betrachtet ein Unternehmen auf Basis von üblicherweise ausgeführten Aktivitäten, also als ein System von zusammenhängenden oder sich gegenseitig beeinflussenden Tätigkeiten. Eine Projektorganisation ist für zeitlich befriste Aufgaben sinnvoll, welche einen einmaligen, innovativen Charakter und erhebliche Komplexität aufweisen. Nun gesellt sich als dritte Variante die agile Organisation hinzu, welche agile Praktiken nutzt, um die Aufgabenerfüllung unter besonderen Umweltbedingungen (VUKA-Welt) zu optimieren. Wenngleich es von Agilitäts-Enthusiasten gern so propagiert wird, als wenn Agilität für moderne Organisationen die einzig richtige Variante ist, so haben doch alle drei Gestaltungsformen für Organisationen ihre Berechtigung. Im realen Organisationskontext koexistieren diese Gestaltungsformen daher je nach speziellem Einsatzzweck gleichberechtigt nebeneinander. Hinzu kommt, dass sich die bestimmenden Elemente dieser drei Gestaltungsformen nicht nur in der Gesamtsicht der Organisation, sondern auch in der Gestaltung einzelner Aktivitäten kombinieren lassen. Ein Projekt kann z. B. klassisch als „Wasserfall" und damit hoch prozessorientiert ausgestaltet sein. Es kann aber auch als SCRUM-Projekt agil ausgestaltet sein. In den meisten Organisationen werden sich Mischformen finden, welche bestimmenden Anteile aller drei Varianten enthalten. Die aus diesen drei Wahlmöglichkeiten entstehende Einordnung der Organisationsgestaltung lässt sich anhand eines „Systemwürfels", wie in Abb. 1.4, darstellen.

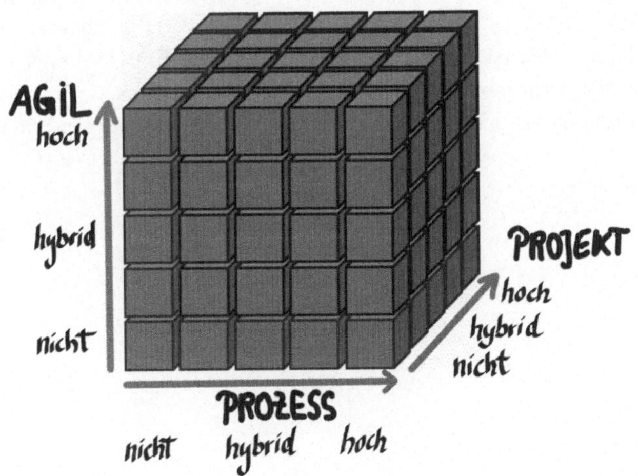

Abb. 1.4 Systemwürfel organisatorischer Gestaltungsvarianten. (Eigene Darstellung)

So wie ein einzelnes Projekt eine Mischform darstellen kann, so finden sich in Organisationen auch agile Prozesse. Hier sind die Tätigkeiten als prozessualer Ablauf dargestellt und gestaltet, jedoch laufen bestimmte Aktivitäten oder (Teil-) Prozesse unter Nutzung agiler Praktiken ab. Das wird aus Sicht des Qualitätsmanagements dann bedeutsam, wenn von der Grundidee des beherrschten Prozesses abgewichen wird. Aus dieser Überlegung entspringt die folgende Definition agiler Prozesse.

▶ **Agile Prozesse:** Agile Prozesse sind Prozesse, welche zu einem relevanten Anteil agile Praktiken nutzen, um vorgesehene Ergebnisse zu bestimmen und zu erzielen.

Anmerkungen zur Definition „Agile Prozesse"
- Anmerkung 1: Der Anteil der agilen Praktiken ist dann relevant, wenn er den Charakter des Prozesses dahin gehend verändert, dass der selbststeuernde Umgang mit Unsicherheit und ständiger Veränderung Vorrang erhält vor der Fixierung beherrschter Bedingungen. Dies muss nicht bedeuten, dass die Aktivitäten mit agilen Praktiken gemessen an Zeit-, Ressourcen- oder Wertschöpfungsanteil tatsächlich überwiegen.
- Anmerkung 2: Die Bestimmung vorgesehener Ergebnisse im Prozessablauf bedeutet nicht, dass zum Start des Prozesses keine Anforderungen interessierter Parteien vorliegen. Jedoch sind diese zu Beginn noch nicht so definiert, dass der Prozess daran ausgerichtet werden kann. Dies ist häufig bei Innovations- und Entwicklungsprozessen der Fall. Prozesse mit einem hohen Anteil agiler Praktiken zur Bestimmung vorhergesehener Ergebnisse sind typischerweise iterativ.

Agil in der ISO 9001 – wie geht das? 2

Zusammenfassung

Im zweiten Kapitel wird anhand von konkreten Beispielen erläutert, wie sich agile Praktiken in ein Managementsystem nach ISO 9001:2015 integrieren lassen. Dabei werden die Übernahme von Planungs- und Überwachungstätigkeiten durch selbststeuernde agile Teams, die Steuerung agiler Prozesse mithilfe der „BIG FIVE" und die kreative Dokumentation agiler Praktiken besonders herausgehoben.

2.1 Die Grauzone zwischen Standardprozess und Chaos

Wenn wir herausfinden wollen, wieviel Agilität ein zertifiziertes QM-System nach ISO 9001:2015 verträgt, dann stellt sich zunächst die Frage, ob ISO 9001:2015 die Wahlmöglichkeiten aus Prozess-, Projekt- und agiler Organisation grundsätzlich einschränkt. Ein Blick in die Norm zeigt schnell, dass hinsichtlich der Thematik Projekt keinerlei Vorgaben existieren. Die Nutzung von Projekten ist weder explizit gefordert noch untersagt. Entsprechend verwundert es nicht, dass die Gestaltung von speziellen Vorhaben mit wesentlich einmaligem Charakter auch in QM-Systemen üblicherweise als Projekt erfolgt. Hinsichtlich der verbleibenden Varianten – Prozess- und agile Organisation – gibt es jedoch Forderungen und Hinweise in ISO 9001:2015. Abb. 2.1 zeigt die nachfolgenden Überlegungen graphisch auf.

Der sog. „prozessorientierte Ansatz" gehört zu den Grundsätzen des Qualitätsmanagements gemäß ISO 9000:2015 (Normkapitel 2.3.4). Es wird davon ausgegangen, dass verlässliche Ergebnisse effizienter und wirksamer erzielt werden,

© Springer Fachmedien Wiesbaden GmbH, ein Teil von Springer Nature 2020 17
P. Adam, *Agil in der ISO 9001*, essentials,
https://doi.org/10.1007/978-3-658-28311-7_2

Abb. 2.1 Grauzonen der
Organisationsgestaltung
gemäß ISO 9001:2015.
(Eigene Darstellung)

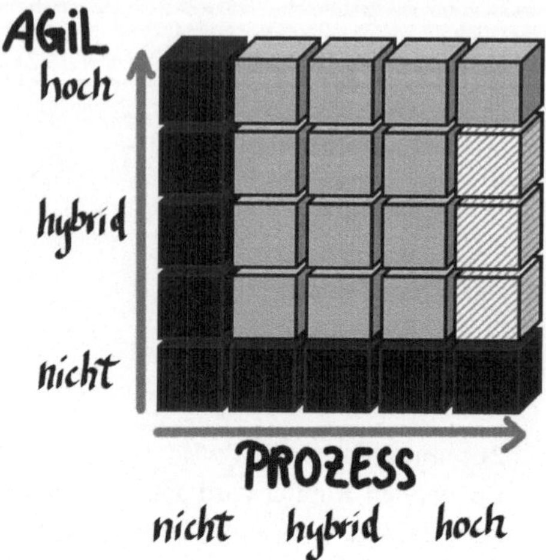

wenn die Tätigkeiten als zusammenhängende Prozesse verstanden und diese wiederum als konsistentes System gesteuert werden. Dieser Ansatz wird von ISO 9001:2015 aufgegriffen und insbesondere in Normkapitel 4.4 mit spezifischen Anforderungen ausgestaltet. So muss die Organisation u. a. Eingaben, Ergebnisse, Abfolge und Wechselwirkung ihrer Prozesse bestimmen. Zudem müssen u. a. Prozesseingaben und -ergebnisse bestimmt sowie die Kriterien und Verfahren bestimmt und angewendet werden, mit deren Hilfe die wirksame Durchführung und Steuerung dieser Prozesse sichergestellt werden kann. Bezüglich des Kernprozesses wird in Normkapitel 8.5 festgelegt, dass die Produktion und Dienstleistungserbringung unter beherrschten Bedingungen durchgeführt werden muss. Ergänzend legt Normkapitel 8 diverse Details fest, insbesondere hinsichtlich der Steuerung bestimmter Arten von Prozessen. Daraus ist zu schließen, dass eine (gar) nicht prozessorientierte Organisation mit ISO 9001:2015 nicht vereinbar ist. Das ist aus Sicht der Organisationsgestaltung äußerst sinnvoll. Wenn es z. B. um standardisierte Rechnungslegungsprozesse wie Jahresabschlüsse geht, so ist jeder Verein und jede Kapitalgesellschaft gefordert, diese nachvollziehbar und gesteuert ablaufen zu lassen. Dies ergibt sich schon aus den Forderungen der Kapitalgeber sowie (steuer-)gesetzlichen Regelungen. Wenn die Situation eindeutig bestimmbar ist und Lösungen für sich wiederholende Problemstellungen standardisiert beschrieben werden können, ist eine prozessuale Organisation stets die wirksamste und effizienteste Art, diese Art von Aufgaben zu bewältigen. Wenn z. B. die Produktion von CDs unter genau bestimmten

Reinraum-Bedingungen erfolgt, wäre eine agile Reorganisation nicht geboten. Hoch standardisiert prozessorientierte Organisationen entsprechen (hoch) beherrschten Bedingungen. Sie sind mit Sicherheit zertifizierungsfähig und damit „im grünen Bereich". Die Grauzone entsteht im hybriden Bereich: Es ist zu entscheiden, wie viel Prozessorientierung bzw. welches Minimum an „beherrschten Bedingungen" ausreichend ist, um eine Zertifizierung zu ermöglichen.

Auf die agile Organisation geht ISO 9001:2015 nicht ein. Jedoch enthält die Norm Konzepte, welche wesentliche Werte und Prinzipien des Agilen Manifests abbilden (The Agile Alliance 2001). So gehören gemäß ISO 9000:2015 Kundenorientierung, Engagement von Personen und die (ständige) Verbesserung zu den unverzichtbaren Grundsätzen jedes effektiven QM-Systems. Entsprechend finden sich in ISO 9001:2015 diverse Anforderungen, welche diese Grundsätze ausgestalten. Zunächst gehört dazu die Kundenorientierung (Normkapitel 5.1.2), welche sich mit höchster Priorität auch als Prinzip im Agilen Manifest wiederfindet. Hinzu kommen die mitarbeiterbezogenen Aspekte der Sicherstellung der Kompetenz (7.2.b), des Bewusstseins des eigenen Beitrags (7.3.c) und die Festlegung der relevanten Kommunikation (7.4). Sie weisen eine hohe Überschneidung mit dem agilen Wert „Individuen und Interaktionen" auf. Von besonderer Relevanz in ISO 9001:2015 ist die Verbesserung (Normkapitel 10). Sie hat eine hohe Nähe zu dem agilen Wert „Reagieren auf Veränderung" und dem Prinzip regelmäßiger Reflexion. Die Bestimmung von Chancen und Risiken ist Kernaufgabe des QM und der Leitung in Form des „risikobasierten Denkens" und ist bei der Bestimmung von Chancen und der Auswahl passender Verbesserungsmaßnahmen gemäß ISO 9001:2015 anzuwenden, um z. B. zukünftigen Erfordernissen und Erwartungen der Kunden Rechnung tragen zu können oder die Leistung zu verbessern. Gehen wir davon aus, dass das Postulat der VUKA-Welt gerechtfertigt ist, ergibt sich daraus, dass eine Organisationsform, die völlig ohne agile Anteile auskommt, nicht zertifizierungsfähig wäre. Unsicherheit besteht darüber, wie viel Agilität und welche Art von agilen Praktiken eine Organisation verträgt, bevor die Agilität mit anderen Anforderungen der ISO 9001 in Konflikt gerät und somit eine Zertifizierung gefährden würde. Hier gilt es, herauszufinden, wo der grüne Bereich verlassen wird und der risikobehaftete Graubereich beginnt.

In der Gesamtsicht müssen also Leitplanken für die in Abb. 2.1 dargestellten grün-schraffierten und hellgrauen Bereiche gefunden werden, um diese klar von den schwarzen – und damit nicht zertifizierbaren – Bereichen abgrenzen zu können. Im QZ-Artikel von Adam finden sich bereits fünf praktische Tipps für eine ISO 9001-konforme Ausgestaltung agiler Praktiken (Adam 2019, S. 47). In den nachfolgenden Unterkapiteln werden diese ausführlicher ausgestaltet.

▶ **Merke** Jede Organisation kann die Organisationsvarianten Prozess, Projekt und agil frei kombinieren. In zertifizierten QM-Systemen ist ein Mindestmaß an Prozessorientierung und an Agilität unverzichtbar. In der konkreten Ausgestaltung sind die risikobehafteten Grauzonen auszuloten.

2.2   Planen, steuern und überwachen

Die Anforderungen der ISO 9001 sind vielfältig. Für den Umgang mit Agilität ist insbesondere relevant, dass eine Organisation sowohl das gesamte QM-System mit seinen Chancen und Risiken sowie den notwendigen Ressourcen als auch die Abläufe in den Kernprozessen („Betrieb") planen, steuern und überwachen muss. Für die Feststellung, unter welchen Voraussetzungen agile Praktiken mit ISO 9001:2015 vereinbar sind, müssen daher zunächst zwei Fragen beantwortet werden:

- Dürfen agile, selbststeuernde Teams eigentlich Planungs-, Steuerungs- und Überwachungstätigkeiten übernehmen?
- Passen Planungs-, Steuerungs- und Überwachungstätigkeiten zu agilen Vorgehensweisen?

ISO 9001 und agile Teams
In den meisten Organisationen gehören Planungs-, Steuerungs- und Überwachungstätigkeiten zu den Managementaufgaben und werden entweder von den Führungskräften oder von speziellen Abteilungen wahrgenommen. Zu diesen Spezialabteilungen gehören typischerweise das Qualitäts- oder Prozessmanagement. Diese Regelungen gehen jedoch nicht auf spezielle Normforderungen zurück. ISO 9001:2015 macht nämlich keinerlei Angaben darüber, wer diese Aufgaben durchführen soll. So könnte grundsätzlich jede Funktion oder Hierarchiestufe diese Tätigkeiten ausüben, sofern bei den zuständigen Personen die notwendigen Kompetenzen vorhanden sind. Für die Norm gilt stets, dass die Regelung angemessen und funktionsfähig sein muss. Bei einer Prüfung der Angemessenheit sind neben den Kompetenzen der Beteiligten u. a. die Art der betrachteten Tätigkeit, das Prozessziel und das dazugehörige Risikoprofil ausschlaggebend.

Damit ist es nicht grundsätzlich abzulehnen, wenn ein agiles Team im Rahmen seiner Selbststeuerung seine Ziele selbstständig festlegt, die Art des Vorgehens bestimmt, die Aufgaben unter den Teammitgliedern aufteilt und nach Beendigung die Zielerreichung beurteilt sowie ggf. Verbesserungsmaßnahmen entwickelt, priorisiert und einleitet. Seit der Revision von ISO 9001:2015 gilt in vielen Bereichen „Output matters". Solange also über einen längeren Zeitraum verlässlich die Ziele erreicht werden und die Ergebnisse den Anforderungen der Kunden und Interessenspartner entsprechen, sind auch ungewöhnliche Regelungen zertifizierungsfähig. Letztlich gilt: „Es tut, wenn es tut."

Entwicklung mit der Scrum-Methode

Das Herz der Scrum-Methodik[1] ist der Sprint – ein festgelegter Zeitraum von maximal 4 Wochen, in welchem ein genau bestimmtes Produkt oder Teilprodukt (Produktinkrement) fertiggestellt wird. In einem solchen Sprint werden die notwendigen Planungs-, Steuerungs- und Überwachungstätigkeiten in Form sog. Scrum-Ereignisse von vorneherein festgelegt. Ziel ist es, besonders an kritischen Stellen eine Überprüfung zu ermöglichen und Transparenz zu schaffen, als konkrete Ausführung des „Inspect & Adapt"-Ansatzes. Zu den Scrum-Ereignissen, die das ganze Scrum-Team gemeinsam durchführt, gehören z. B. das Sprint-Planning. In diesem wird das zu liefernde Produktinkrement festgelegt sowie die dafür erforderlichen, in kleine Einheiten zerlegten Tätigkeiten. In täglichen, 15-minütigen Kurz-Treffen (Daily Scrums) des Entwicklungsteams werden die Fortschritte überprüft und ggf. Anpassungen und Umplanungen vorgenommen. Nach Beendigung des Sprints erfolgt ein Sprint Review, zu dem das Scrum-Team üblicherweise noch weitere Stakeholder einlädt. Hier wird der erreichte Stand des Sprints reflektiert und in Input für die kommenden Sprint Plannings überführt. Budget, geplante Produkteigenschaften sowie Zeitplan für das Produkt-Release werden überprüft und ggf. vollständig umgearbeitet. In einer zusätzlichen Sprint Retrospective vor dem nächsten Sprint Planning wird der vergangene Sprint im Hinblick auf die genutzten Prozesse, Tools und die Zusammenarbeit der beteiligten Personen reflektiert. Ziel ist die Erstellung eines Plans für die Verbesserung der (internen) Arbeitsweise des Scrum-Teams.

Die Erfahrungen mehrerer Interviewpartner mit diesen Scrum-Ereignissen war durchgängig positiv. Hervorgehoben wurden insbesondere die sehr offenen, kritischen Sprint-Reviews. Durch die enge Zusammenarbeit im Team

---

[1]Alle Details der Methodik sind dargelegt im sog. Scrum Guide, siehe Schwaber und Sutherland (2017).

besteht eher die Bereitschaft, Probleme deutlich anzusprechen und konsequent zu beheben. Während bei Reviewprozessen in klassischen Entwicklungsprojekten eher die Sorge besteht, Kollegen vor anderen Abteilungen oder den für die Reviews verantwortlichen Führungskräften bloßzustellen, herrscht in agilen Scrum-Teams eine sehr aufrichtige Arbeitsatmosphäre. Das führt dazu, dass alle Teammitglieder ehrlich Probleme der Zusammenarbeit benennen und sich auf eine Verbesserung der teaminternen Arbeitsprozesse fokussieren, ohne Übergriffe auf der persönlichen Ebene vorzunehmen. Dazu tragen auch die sachlich orientierten Vorgaben der Scrum-Methodik bei. Damit sind Reviewprozesse agiler Teams oftmals sogar den klassischen Reviewprozessen überlegen.

Planung, Steuerung und Überwachung bei agilen Vorgehensweisen

Es wurde schon festgestellt, dass agiles Arbeiten weit von einem „wir machen mal mit irgendwem irgendetwas irgendwie" entfernt ist. In den Interviews kam deutlich heraus, dass es bei Agilität um die Lösung von VUKA-Problemen und nicht um die „Große Freiheit Nummer 7" geht. Wie es einer der Interviewpartner ausdrückte: „Agile Teams sind keine Künstler". Schließlich gilt es auch hier, ein (unternehmerisches) Ziel zu erreichen. Dies ist für die Nutzung von agilen Praktiken in jedem Organisationskontext eine Grundvoraussetzung.

Damit agiles (Zusammen-)Arbeiten in Organisationen funktioniert, ist auch in einem agilen Team eine Abstimmung unerlässlich. Das bedeutet, dass jeder genau weiß, wofür er zuständig ist. Es müssen also klare Rollen und Verantwortlichkeiten sowie erwartete Arbeitsergebnisse bestimmt werden. In der Softwareentwicklung kann das zum Beispiel heißen: Ein Kollege definiert die Schnittstellen zu den Altsystemen, ein zweiter programmiert die Zugriffsrechte und ein dritter testet. Hinter ihnen hängt dann vielleicht ein Kanban-Board und macht transparent, woran wer gerade arbeitet. Probleme werden täglich in einem morgendlichen Standup-Meeting thematisiert und gemeinsam gelöst. Dabei helfen sich die Mitarbeiter in dem agilen Team gegenseitig aus, sofern sie die notwendigen Kompetenzen für die gerade stockende Aufgabe mitbringen. Die Mitarbeiter entscheiden selbst im Team, ob sie sich nach Beendigung der ersten Aufgabe eine neue Aufgabe suchen oder ob es wichtiger für die gemeinsame Zielerreichung ist, zunächst andere Kollegen zu unterstützen. Eine solche Entscheidung kann nur dann fundiert getroffen werden, wenn Ziel und Arbeitsstand für alle transparent sind.

Die Besonderheit der Ausführung von Planungs-, Steuerungs- und Überwachungsmaßnahmen liegt auch im Detailierungsgrad. Aufgrund des iterativen, schrittweisen Vorgehens und der sehr kurzen (i. d. R. täglichen) Überprüfungszyklen benötigt das agile Team zu Beginn noch keine ausführliche Detailplanung. Stattdessen steigt der Grad der Detaillierung mit dem Fortschritt der Zielerreichung an, sodass eine Aufgabe erst kurz vor oder mit der direkten Übernahme hinsichtlich des Arbeitsprozesses detailliert ausgestaltet wird. In ISO 9001 gibt es keine Vorgaben zum Detaillierungsgrad. Hier gilt ebenfalls wieder „es tut, wenn es tut". Für VUKA-Probleme ist eine Detailplanung zu Beginn ohnehin Makulatur (siehe Abschn. 1.3).

▶ **Merke** Agile Teams sind für ISO 9001 kein Problem! Wichtig ist nur, dass die Funktionsfähigkeit der Planungs-, Steuerungs- und Überwachungstätigkeiten abgesichert ist. Insbesondere bei VUKA-Problemen ist dies durch eine iterative Ausgestaltung gegeben.

2.3 Steuerung von Prozessen – die BIG FIVE

Steuerung von Prozessen bedeutet, dass bestimmte Aktivitäten durchgeführt werden, die dafür sorgen, dass das vorgesehene Prozessergebnis erzeugt wird. Die Definition der Prozesssteuerung aus dem Forschungsprojekt lautet folgendermaßen:

▶ **Prozesssteuerung** Die Prozesssteuerung ist ein System, in dem bestimmte Mechanismen in einem Regelkreis auf einen Prozess angewendet werden, um sicherzustellen, dass das Prozessergebnis dem vorgesehenen Ergebnis entspricht.

Gemäß den Anforderungen von ISO 9001:2015, Normkapitel 8.1 gehören zu den Aktivitäten der Prozesssteuerung insbesondere die Bestimmung der Anforderungen (a), die Festlegung von Kriterien für die Prozesse (b), die Bestimmung der notwendigen Ressourcen (c), die Steuerung der Prozesse in Übereinstimmung mit den Kriterien (d), die dokumentierten Informationen für die entsprechenden Nachweise (e), die Überwachung geplanter Änderungen und die Beurteilung von Folgen unbeabsichtigter Änderungen. Für die Zertifizierung muss nachgewiesen werden, dass die Steuerung durch die Ausführung dieser und weiterer Tätigkeiten wirklich funktioniert.

In den letzten Jahrzehnten haben sich typische Mechanismen zur Prozesssteuerung in prozessorientierten Managementsystemen etabliert, welche von den Auditoren grundsätzlich als angemessen eingestuft werden. Dazu gehören z. B. die statistische Prozessregelung über Shewart-Regelkarten oder Freigaben von Auszahlungen durch autorisierte Personen im Vier-Augen-Prinzip. In manchen Veröffentlichungen wird die Art, wie agile Teams ihre agilen Vorgehensweisen selbstständig auswählen und umsetzen sowie sich, wenn Not am Mann ist, gegenseitig aushelfen, als eigenständiges Konzept und Gegenmodell zur üblichen prozessualen Steuerung verstanden. Sicher ist, dass z. B. typische statistische Regelungen nur für beherrschte Prozesse sinnvoll sind und damit in VUKA-Umgebungen nicht zum Tragen kommen (können). Unter diesen Prämissen ist kritisch zu fragen, ob und bis zu welchem Grad sich agile Prozesse QM-konform steuern lassen, ohne ihren Charakter zu verlieren.

Im Rahmen des Forschungsprojektes wurde dazu eine Masterarbeit vergeben. T. Japing hat darin untersucht, ob sich hinter der Vielzahl an praktisch genutzten Prozessregelungen vielleicht abstrakte, einheitliche Steuerungsmechanismen verstecken. Mithilfe solcher allgemeinen Prozesssteuerungsmechanismen zur Sicherstellung der Qualität der Prozessergebnisse würde es Qualitätsmanagern und Auditoren leichter fallen, auch ungewöhnliche Vorgehensweisen der Steuerung einzuordnen und als zulässig einzustufen. Untersucht wurden dafür gängige Modelle aus verschiedensten Prozessen und Branchen, z. B. die Statistische Prozesskontrolle (SPC) und die FMEA aus dem Produktionsbereich, die Mechanismen des „Internen Kontrollsystems (IKS)" aus dem Finanzbereich und die „Three Lines of Defense" aus dem Risikomanagement. Die Vielzahl an konkreten Beispielen deckte die komplette Bandbreite aller Funktionen eines typischen Unternehmens ab. Diese wurden auf ihre Gemeinsamkeiten durchleuchtet und dann auf einer abstrakten Ebene zusammengeführt. Heraus kamen zunächst acht verschiedene Prozesssteuerungsmechanismen, welche im Anschluss transferiert wurden auf agile Prozesse. Dabei konnte festgestellt werden, dass die erforschten Mechanismen hinsichtlich ihrer Funktion nur marginale Differenzen in der Lenkung klassischer und agiler Prozesse aufweisen.[2] Konkret bedeutet das: Agile Prozesse können durchaus gesteuert werden, ohne dass die Agilität darunter leidet, und viele Mechanismen zur Gestaltung agiler Arbeitsprozesse können sehr wohl als ISO 9001-konforme Prozesssteuerung begriffen werden.

Im Nachgang zur Arbeit wurden die Erkenntnisse nochmals vertieft und konsolidiert. Schlussendlich lassen sich nun fünf grundlegend verschiedene Prozesssteuerungsmechanismen unterscheiden, welche alle ausnahmslos für klassische und agile Prozesse angewendet werden können. Dies sind die „BIG FIVE" der Prozesssteuerung (siehe auch Abb. 2.2):

---

[2]Japing (2018). Die vollständige Masterarbeit ist unter Creative Commons online abrufbar.

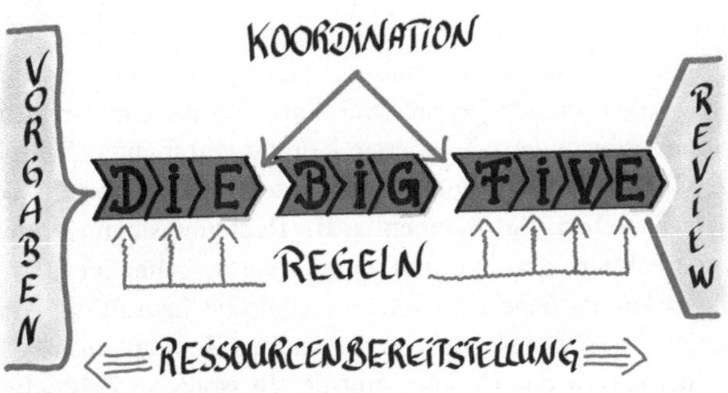

Abb. 2.2 Die BIG FIVE der Prozesssteuerung

Die BIG FIVE der Prozesssteuerung
1. Anforderungen/Vorgaben
2. Ressourcenbereitstellung
3. Regeln
4. Koordination
5. Review

Anforderungen/Vorgaben determinieren unbestritten jeden Prozess. Welches Ziel mit den Tätigkeiten verfolgt wird, welches Ergebnis erreicht werden soll, welche Bedingungen der Kunde des Prozesses an eine gute Ausführung stellt – das alles hat einen erheblichen Einfluss auf die Art, wie der Prozess gestaltet und aufgesetzt wird. Nach ISO 9000:2015, 3.6.4 können Anforderungen von interessierten Parteien oder der Organisation selbst stammen und können festgelegt, üblicherweise vorausgesetzt oder verpflichtend sein. Dabei müssen sie nicht zwangsläufig schriftlich als Vertrag, Spezifikation oder anderweitig dokumentiert vorliegen. Sie müssen auch nicht gleich vollständig zu Beginn des Prozesses vorliegen, können also (wie typisch für agile Entwicklungsprozesse) erst nach und nach über Feedbacks zu Entwürfen o. ä. weiter ausgestaltet werden.

Ressourcenbereitstellung hat erkennbar direkten Einfluss auf die Qualität der Abläufe und des erzielten Prozessergebnisses. Ob agil oder klassisch: Alle notwendigen Ressourcen müssen verfügbar sein. Das gilt für personelle Ressourcen sowohl in der passenden Qualität, also Kompetenzausstattung und Arbeitshaltung, als auch in der passenden Quantität, z. B. in Form von nutzbaren Arbeitsstunden.

Ebenso gehört dazu z. B. die Bereitstellung von Finanzmitteln oder Budgets, Infrastruktur und Arbeitsumgebung und die Managementunterstützung. Alle notwendigen Ressourcen müssen gemäß ISO 9001, 7.1 bestimmt und bereitgestellt werden. Dazu ist insbesondere die oberste Leitung verpflichtet (Normkapitel 5.1). Der optimale Mix kann in Abhängigkeit von den Anforderungen/Vorgaben sehr unterschiedlich aussehen. So können z. B. Rechnungslegungsprozesse durch IT-Workflows erheblich gestützt und damit häufig schneller und fehlerfreier durchgeführt werden als ohne eine solche technische Investition. Agile Prozesse haben stets eine hohe Abhängigkeit von personellen Ressourcen.

Eine Besonderheit ist der Umgang mit der Ressource **„Zeit"**. In klassischen Prozessumgebungen ist die prozessuale Steuerung über Zeitvorgaben häufig darauf ausgerichtet, die zentrale Kundenforderung der rechtzeitigen oder schnellen Bearbeitung zu erfüllen. Entsprechend wird versucht, eine zeitliche Optimierung über die Steuerung der Einzelaktivitäten zu erreichen, sodass der Prozessablauf insgesamt beschleunigt oder verstetigt wird. Wenn die Zeitbudgets zu knapp bemessen sind, werden jedoch leicht die festgelegten Prozessziele verfehlt und manchmal auch die Mitarbeiter überlastet. In agilen Prozessen, insbesondere in den agilen Prozessen mit hohen kreativen Arbeitsanteilen, werden agile Vorgehensweisen in besonders eng getakteten Zeitabschnitten geführt, das sog. „Timeboxing". Damit soll die Konzentration und Fokussierung auf die vorliegende Aufgabe ermöglicht werden. Vorrangiges Ziel ist es dabei nicht, den Prozess insgesamt zu beschleunigen, sondern durch die höhere Konzentration aller Beteiligten das Ergebnis zu verbessern. Ausgangspunkt dafür ist die Erkenntnis, dass mehr Zeit nicht immer zu besseren Ergebnissen führt. Das Prinzip des Timeboxing wird z. B. bei Sprint-Ereignissen verwendet oder in Design Thinking-Phasen.

Timeboxing im Sprint

Alle Sprint-Ereignisse sind zeitlich befristet über Time Boxes. Der Daily Scrum z. B. ist auf maximal 15 min jeden Tag festgelegt, sodass immer das Sprint-Ziel im Fokus steht. Das Entwicklungsteam sorgt selbst für eine passende Struktur. Ziel ist es, andere Meetings überflüssig zu machen, Hindernisse zu identifizieren und zu beseitigen, schnelle Entscheidungen zu fördern und alle wesentlichen Informationen auszutauschen. Es ist durchaus üblich, dass sich einzelne Mitglieder oder das Team im Anschluss länger treffen, um notwendige Umplanungen oder Anpassungen vorzunehmen oder besondere Themen im Detail zu diskutieren (Schwaber und Sutherland 2017, S. 12–13).

In „normalen" Besprechungen gibt es häufiger Ärgernisse, welche die Effizienz des Meetings massiv beeinträchtigen und Teilnehmer frustrieren. So kommen regelmäßig Personen zu spät und andere müssen warten. Manche

Teilnehmer checken zwischendurch ihre E-Mails oder reden mit dem Nachbarn, weil sie den Eindruck haben, dass das aktuelle Thema sie nichts angeht oder sie nichts dazu beitragen können. Im Daily Scrum sorgt die strikte Time Box dafür, dass solche „Leerzeiten" eliminiert werden.

Regeln bestimmen, welche Aktivitäten in Prozessen ausgeführt werden müssen und wie die einzelnen Tätigkeiten auszuführen sind. Häufig werden diese dokumentiert und manifestieren sich z. B. in Richtlinien, Handlungsanweisungen, Policies, Guidelines, Verfahrensanweisungen oder SOPs (Standard Operating Procedures). Regeln können sehr unterschiedliche Stufen der Verbindlichkeit haben. Reicht für manche Prozesse die mündliche Festlegung, dass Praktikanten sich bei Rückfragen immer an ihren Praktikumsbetreuer wenden sollen, so gibt es für die Bedienung eines SAP-Systems umfangreiche Handbücher mit detaillierten Anweisungen, welche Kennzeichen in welchen Fällen wo zu setzen sind. Selbstverständlich gelten diese Handbücher auch dann, wenn Mitglieder agiler Teams solche Systeme nutzen. Ein agiler Software-Programmierer nutzt schließlich die gleiche Programmiersprache wie sein klassisch arbeitender Kollege. Die Mitarbeiter im Rettungsdienst stellen zwar vor Ort ihre Erstdiagnose agil, die Behandlung selbst wird allerdings (z. B. in Schleswig-Holstein) mit Checklisten oder standardisierten Arbeitsanweisungen geregelt, welche im Kleinformat für die Hosentasche vorliegen. In anderen Fällen sind detaillierte Handlungsanweisungen für agile Praktiken unpassend, da ja ihr Zweck gerade darin besteht, für ungewöhnliche VUKA-Situationen selbstgesteuert innovative Lösungen zu generieren. Dennoch kann es auch hierfür durchaus sinnvoll sein, allgemeine Regeln aufzustellen. So kann z. B. festgelegt werden, dass Sonderaufträge im Controlling immer von demjenigen zu verantworten sind, bei dem die Anfrage eingegangen ist. Das agile Team ist in diesen Fällen aus Mitarbeitern aller betroffenen Abteilungen zusammenzustellen, wobei mindestens ein Teammitglied Erfahrungen mit der Moderation agiler Teams besitzen muss. Die zu nutzenden agilen Vorgehensweisen und Tools sind jedoch individuell von dem agilen Team im Arbeitsprozess abzustimmen.

Wie selbstverständlich auch agiles Arbeiten mit Regeln funktioniert ist insbesondere an häufig genutzten agilen Methoden zu erkennen. Diese sind gerade deswegen so beliebt, weil sie detaillierte Anwendungsregeln enthalten. Der deutschsprachige Scrum-Guide z. B. hat 22 Seiten (Schwaber und Sutherland 2017). Wie es ein interviewter Entwickler ausdrückte: „Durch die Nutzung von Scrum sind wir viel geregelter und transparenter als der Entwicklungsprozess vorher".

Koordination sorgt dafür, dass die durchzuführenden Aktivitäten im Prozess so aufeinander abgestimmt sind, dass der gesamte Prozessdurchlauf optimiert wird. Es geht also um die Abstimmung und (Nach-)Steuerung der Schnittstellen zwischen den (Teil-)Prozessen und Aktivitäten. Solche Koordinationsfunktionen werden typischerweise durch bestimmte organisatorische Rollen übernommen oder mithilfe technischer Unterstützung (z. B. IT-basierte Workflow-Systeme) sichergestellt. Koordinative Rollen können sehr unterschiedlich ausgestaltet sein. Die gängigste Form der Koordination ist die Verteilung von Aufgaben durch die jeweilige Führungskraft. In Projekten werden die Arbeitspakete entsprechend über die (Teil-)Projektleitung koordiniert. Die Gesamtkoordination mehrerer Teilprojekte erfolgt über die Gesamtprojektleitung und den Lenkungsausschuss in seinen regelmäßigen Sitzungen. In agilen Entwicklungsprojekten ist z. B. die Rolle des Scrum Masters eine koordinative Rolle, indem er dafür sorgt, dass die Zusammenarbeit optimiert wird und sicherstellt, dass Ziele und Produktdomänen von allem im Scrum-Team verstanden werden. Die Entscheidungen über die konkrete Arbeitsaufteilung trifft jedoch das Entwicklungsteam im Rahmen seiner Selbststeuerung.

Die Ausgestaltung der Koordinationsfunktion gehört zu den wesentlichen Unterschieden zwischen agilen und klassisch arbeitenden Teams. In verschiedenen Branchen werden zur Sicherstellung reibungsloser Abläufe und optimaler Ressourceneinsätze Disponenten eingesetzt, z. B. bei der Routenplanung in Speditionen und Kurierunternehmen, in der Einsatzplanung für Zeitarbeitnehmer bei Personaldienstleistungen und für die Optimierung der Maschinenlaufzeiten im Produktionsbereich. Wie bereits in Abschn. 1.3 am Beispiel erläutert, zeichnen sich agile Teams gerade bei der Koordination sehr komplexer Prozesse (VUKA-Probleme) aus, da so alle notwendigen Informationen und Kompetenzen für eine sinnvolle Abstimmung direkt eingebunden werden können. Viele agile Praktiken können in diesem Verständnis als eine Sonderform der Disposition angesehen werden, welche auf Teamebene (ungewöhnlich) hohe Freiheitsgrade ermöglicht.

Reviews finden nach dem Durchlauf des Prozesses oder auch der einzelnen Teilprozesse statt und dienen der strukturierten Überprüfung des realen Prozessablaufs und der erzielten Prozessergebnisse. Sie finden meistens als Review-Meeting statt und können auch eine formale Abnahme des Ergebnisses beinhalten. Als wesentlicher Input für die ständige Prozessverbesserung ermöglichen sie es, Fehler, Mängel oder Inkonsistenzen des Ablaufs geordnet zu erfassen und Optimierungen für den nächsten Durchlauf anzustoßen.

Reviews kommt in agilen Praktiken – und insbesondere bei der Nutzung agiler Methoden – eine besondere Bedeutung zu. Wie bereits in Abschn. 2.2 erläutert, ist im Scrum die Durchführung von Sprint Review und Sprint Retrospective verpflichtend. Im Design Thinking bilden Reviews einzelner Prozessschritte in Form von Evaluations-, Verbesserungs- und Reflexionsphasen einen integralen Bestandteil des methodischen Arbeitsablaufs (Blatt und Sauvonnet 2017, S. 93). Gerade bei kreativen Entwicklungsprozessen ist es heutzutage State of the Art, eine strenge Trennung zwischen zwei Arten von Denkzuständen zu machen: Der möglichst breiten und kreativen Ideenentwicklung (Divergieren) und der Bewertung in Form einer Fokussierung auf bestimmte Funktionalitäten oder die Auswahl von potenziell besten Lösungen (Konvergieren). Ein ständiger Wechsel zwischen beiden Phasen im Rahmen des Design Thinking ermöglicht eine schrittweise, kontinuierliche Optimierung der Lösungsansätze durch das jeweilige Entwicklungsteam.[3] Der gesamte Entwicklungsprozess auf Basis von Design Thinking spannt in einem Makrozyklus einen Bogen von den ersten Ideen über die kritischen Funktionalitäten und Funky Prototypen bis hin zum finalen Prototypen. In jeder dieser Phasen durchläuft das Team iterativ einen Mikrozyklus von der kundenzentrierten Beobachtung über die Ideenfindung bis zum Test der jeweiligen Prototypen (Lewrick et al. 2017, S. 30–37). In den Tests werden die Prototypen je nach Auswahl der Tools auf verschiedenste Weise überprüft – oder im ISO-Jargon den verschiedensten Arten von Verifizierungs- und Validierungstätigkeiten unterzogen. Solche ständigen Überprüfungen und Bewertungen, ob die (Zwischen-)Ergebnisse den Kundenanforderungen entsprechen, stehen im direkten Einklang mit den Entwicklungsanforderungen von ISO 9001:2015, 8.3.4. Eine ausführliche Übersicht typischer Prozesssteuerungsmechanismen von Entwicklungsprozessen – jeweils in agiler und klassischer Ausführung – sind dem QZ-Artikel von Japing & Adam zu entnehmen (Japing und Adam 2019, S. 46).

2.4   Dokumentation von agilen Praktiken

Bestimmte dokumentierte Informationen werden von ISO 9001:2015 explizit gefordert, z. B. eine Qualitätspolitik, Qualitätsziele oder Entwicklungseingaben. Selbstverständlich müssen diese auch von agilen Teams dem Auditor vorgelegt werden können. Das ist ohnehin nur die Spitze des Dokumentationseisbergs.

---

[3]Nähere Informationen dazu z. B. bei Lewrick et al. (2017, S. 28–29).

Schließlich gibt es ergänzend noch vielfältige gesetzliche Nachweis- und Aufbewahrungspflichten für verschiedene Funktionsbereiche von Organisationen und auch noch Dokumente, welche von Kunden oder von anderen internen Einheiten benötigt werden.

Freiheit für die Software-Entwickler

Gerade in der Software-Entwicklung greift die Begeisterung für agile Vorgehensweisen um sich. Unlängst hat ein Team von Software-Entwicklern ihrem Projektleiter erklärt, dass sie nun ein agiles Entwicklungs-Team wären und Scrum nutzen würden. Damit würde natürlich ein völlig anderes Arbeiten gelten. Deshalb würden sie auch die festgelegten Quality-Gates nicht mehr einhalten und bräuchten sich auch um die bisherigen Dokumentationsvorgaben nicht mehr zu kümmern.

So einfach geht das nicht!

Wenngleich eine agile Zusammenarbeit mit z. B. täglichen Standup-Meetings manche der üblichen Dokumentationsanforderungen in arbeitsteiligen Prozessen obsolet werden lässt, gibt es doch externe Vorgaben, die strikt einzuhalten sind. Ein exemplarischer Blick auf das Bankwesen und die Pharmaindustrie verdeutlicht schnell, dass die Einhaltung der jeweiligen aufsichtsrechtlichen Vorgaben und Nachweispflichten Grundvoraussetzungen der Geschäftstätigkeit sind. Dazu gehören in beiden Fällen auch umfangreiche Dokumentations- und Nachweispflichten im Software-Bereich – für klassische und agile Entwicklungsteams. Oder, wie es ein Interviewpartner ausdrückte „agil bedeutet nicht die völlige Freiheit von Richtlinien oder Dokumentation".

Die Einführung von Agilität kann also nicht als Begründung dafür herhalten, zukünftig auf alle Arten von dokumentierten Informationen zu verzichten. Andererseits ist eine Kultur der ständigen ausführlichen Verschriftlichung sämtlicher Überlegungen und Aktivitäten ebenfalls nicht mit agilen Arbeitsformen zu vereinbaren. Wie bereits in Abschn. 2.2 erwähnt, finden sich in ISO 9001 keine allgemeinen Vorgaben zum erwarteten Detaillierungsgrad dokumentierter Informationen. Getreu des Prinzips „es tut, wenn es tut" ist lediglich sicherzustellen, dass die Informationen so dokumentiert werden, dass sie von allen betroffenen Personen auch nachvollzogen werden können. Hinzu kommt, dass dokumentierte Informationen schon per Definition gemäß ISO 9000:2015, 3.8.6 die verschiedensten Formate annehmen und auf diversen denkbaren Trägermedien verewigt werden können. Dank moderner Medien gibt es hier eine Fülle an

Möglichkeiten, die im Sinne des Informationsempfängers kreativ genutzt werden können und trotzdem ISO 9001-konform sind.

Aufzeichnungen und Regelungen

Aufzeichnung eines Stand-up Meetings

Es ist unmittelbar einsichtig, dass es nicht sinnvoll sein kann, jedes 15-minütige Stand-up Meeting anhand eines ausführlichen Verlaufs-Protokolls zu dokumentieren, mit dessen Erstellung ein Teammitglied 30 min beschäftigt ist. Manchmal müssen jedoch wesentliche Entscheidungen aus dem Meeting aufbewahrt oder an zu dem Termin verhinderte Teammitglieder, Kunden oder parallel arbeitende Teams weitergegeben werden. Je nach Situation bieten sich zur Dokumentation z. B. die folgenden Varianten an:

Boards: Diskutierte Arbeitspakete, anstehende Themen oder wesentliche Aspekte einer Entscheidung werden vom Moderator während des Meetings direkt aufs Whiteboard geschrieben oder auf Post-its festgehalten, welche dann an Pinnwand oder Flipchart befestigt werden. Solche Arbeits-Boards in den Teamräumen werden laufend gepflegt und sind eine ständige Referenz für alle Mitglieder. Abwesende Teammitglieder oder externe Parteien können durch Fotos über Zwischenstände informiert werden, welche auf dem Team-laufwerk abgespeichert oder per E-Mail versandt werden. Damit diese das Board auch verstehen, empfiehlt es sich, hierfür eine standardisierte Struktur festzulegen (z. B. die eines Kanban-Boards).

Entscheidungs-Foto: Wenn alle Teammitglieder dabei sind, kann der Wortlaut einer getroffenen Entscheidung kurz auf einem Flipchart festgehalten werden. Dann stellen sich alle Teammitglieder um das Flipchart herum und halten den Daumen hoch (oder parallel oder herunter). Davon ein schnelles Handy-Foto gemacht – fertig. Das Foto kann gespeichert, per WhatsApp geteilt oder per E-Mail versandt werden. Das Bild hat einen eindeutigen Zeitstempel, und es ist auch auf einen Blick klar, wer bei der Entscheidung anwesend war und votiert hat.

Video- oder Tonmitschnitt: Die bisherige Vorgehensweise wird auf den Prüf-stand gestellt und ausführlich diskutiert. Damit im Falle späterer Rückfragen klar ist, warum der eingeschlagene Weg nicht weitergeführt wurde, wird ent-weder die gesamte Diskussion (z. B. für verhinderte Teammitglieder) oder das vom Moderator zusammengefasste Ergebnis (z. B. für Kunden oder andere

Teams) als Video- oder Tonmitschnitt aufgezeichnet. Aufgrund der Dateigröße ist dies allerdings besser über ein gemeinsames Laufwerk bzw. via Dropbox oder We-Transfer zu teilen als über E-Mail.

Analog zu den im Beispiel genannten Alternativen zu klassischen Aufzeichnungsformaten kann die Dokumentation von Regeln für die Durchführung von einzelnen Aktivitäten oder Prozessen ebenfalls nicht nur über die üblichen Guidelines oder Arbeitsanweisungen erfolgen. Video-Tutorials, die Aufzeichnung von virtuellen Seminaren für den späteren Abruf oder Podcasts finden sich zunehmend bereits in klassischen Prozessen. Dabei gibt es auch in agilen Praktiken durchaus die Notwendigkeit von klaren Regelungen – nicht umsonst enthält der Scrum-Guide 18 Seiten mit Richtlinien für diese agile Methode (Schwaber und Sutherland 2017). Wenn es aber darum geht, festzuhalten, dass z. B. in der Entwicklung einwöchige Sprints unter Nutzung verschiedener agiler Methoden erfolgen sollen, würde es sinnvoll sein, hier nur sehr allgemeine Eckpunkte festzuhalten. Da agile Praktiken ihren Einsatz bei echten VUKA-Problemen finden, ist es nur natürlich, dass vorher nicht im Detail festgelegt werden kann, welche Methode Erfolg versprechend einzusetzen ist. Gerade das muss von dem Team und seinem Moderator im Bearbeitungsverlauf selbstständig festgelegt und ausgestaltet werden können. Relevant für die Qualität des Prozesses ist damit vor allem die richtige Teamzusammensetzung und der kompetente Umgang mit der eigenständigen Arbeitsorganisation und der situationsbezogenen Toolauswahl. Die Regelung dafür, wie diese Aspekte sichergestellt werden, könnte sich bei Bedarf in einem entsprechend Regelungsdokument wiederfinden.

Ein etwas kreativerer und mutigerer Umgang mit sinnvollen Dokumentationsformen ermöglicht es problemlos, ISO 9001 und Agilität mit einander zu vereinen.

Modellierung von (agilen) Prozessen
In den letzten Jahren haben viele Organisationen erhebliche Anstrengungen darauf verwendet, die Auswüchse individuell aufgenommener und äußerst detailreicher Prozessmodellierungen zu begrenzen. Für ein mittelständisches Unternehmen produzieren 200 umfangreich modellierte Prozesse der dritten Ebene allein durch die Notwendigkeit der Aktualisierung Zusatzaufwand, der häufig in keinem Verhältnis zum Vorteil der dokumentierten Detailsteuerung steht. Es gibt inzwischen verschiedene Ideen und Tools, wie sich die individuellen Vorgehensweisen agiler Teams ebenfalls in Prozessmodellierungen abbilden lassen. Beispielhaft genannt seien hier die prozeduralen Modellierungsansätze wie BPMNEasy bzw. die subjektorientierte Modellierung oder regelbasierte

Modellierungssprachen wie z. B. Case Management Model and Notation CMMN, das Declare Rahmenwerk oder Dynamic Condition Response-Graphen. Einige dieser Ansätze versuchen, die realen Vorgehensweisen in den iterativen Zyklen im Detail nachvollziehbar zu machen. Die subjektorientiert Modellierung z. B. ermöglicht, dass jeder Prozessbeteiligte individuell sein Prozesshandeln in Form von Subjektverhaltensdiagrammen modellieren und anhand dessen überprüfen und verbessern kann (Fleischmann et al. 2011). So schön es ist, dass so etwas nun technisch möglich ist, so wenig erschließt sich der Sinn aus Managementperspektive. Individuelle Lösungen, die von speziell für eine Thematik ausgewählten Teams für die VUKA-Welt gefunden werden, sind ohnehin nicht auf andere Probleme übertragbar. Deswegen wird ja ein agiles Vorgehen genutzt. Dies nun auch noch im Detail zu modellieren schafft keinen Mehrwert.

Im anderen Extrem sind agile Vorgehensweisen in der Prozessmodellierung gar nicht erkennbar. In den Geschäftsprozessen der ersten und häufig auch der zweiten Ebene sind die dargestellten Teilprozesse naturgemäß so grob, dass darin enthaltene agile Praktiken nicht gesondert herausgehoben werden. In manchen Fällen geschieht das bewusst, um so einen eventuell kritischen Auditor nicht auf die Nutzung agiler Vorgehensweisen aufmerksam zu machen. Aus Steuerungssicht ist dies jedoch dort ungeschickt, wo agile Praktiken nicht isoliert, sondern in enger Verzahnung mit klassischen Prozessen vorkommen. Den im folgenden Kap. 3 genannten Stolpersteinen lässt sich effektiver begegnen, wenn die entstehenden Reibungen zwischen agilen und klassischen Komponenten aktiv gemanagt werden. Dafür muss man sich jedoch dieser Problematik bewusst sein. Deshalb ist es empfehlenswert das Vorkommen solcher agilen Bestandteile zu signalisieren. Für IKS-Risiken werden üblicherweise an den Prozessschritten Notationen wie rote Flaggen, rote Dreiecke oder Blitze verwendet. In Analogie dazu könnten für agile Praktiken z. B. orange Flaggen etabliert werden (siehe Abb. 2.3).

Abb. 2.3 Modellierung agiler Prozesse. (Eigene Darstellung)

Stolpersteine agiler Praktiken – worauf muss ich achten? 3

Zusammenfassung

Dieses dritte und letzte Kapitel widmet sich typischen Stolpersteinen bei der Integration agiler Praktiken in den betrieblichen Alltag. Die Gestaltung der Schnittstellen zu den klassischen (Teil-)Prozessen, die Auswahl geeigneter agiler Teammitglieder, der Umgang mit plötzlich überflüssigen Führungskräften und die Herausforderungen der Beibehaltung üblicher Personalinstrumente stellen die wesentlichen Hürden einer erfolgreichen Einführung dar.

3.1 Schnittstellen zur „normalen" Welt

Die hier vertretene Sicht von Agilität macht schon in der Definition deutlich, dass sich in einer Organisation Agilität und klassische Prozesse begegnen müssen, da eindeutig festgelegte Vorgaben und VUKA-Welt parallel existieren. Nachdem der Zenit des Agilitätshypes nun (hoffentlich) überschritten ist, mehren sich auch bei den Vorreitern die Stimmen, die nicht mehr eine vollständige Agilisierung des ganzen Unternehmens in den Blick nehmen, sondern Hybridmodelle bevorzugen (Obmann 2019, S. 59). Damit muss sich jede Organisation mit der Integration von agilen Praktiken und klassischen Prozessen auseinander setzen. Eine nicht oder nur schlecht gemanagte Integration kann sich zu einem erheblichen Risiko auswachsen.

Die grundsätzliche Frage ist, ob eine Organisation nur vereinzelte „Agilitätsinseln" besitzt und sich ansonsten klassischer Organisationsformen bedient, oder ob der Anteil an agilen Praktiken so bestimmend ist, dass es sich tatsächlich um agile Prozesse handelt. Wenn sich z. B. in einer klassischen Produktionsumgebung oder in der Buchhaltung agile Verbesserungsteams zu einer Art

Qualitätszirkel zusammenschließen, findet Agilität in einem streng begrenzten Rahmen statt: Der Kernprozess der Organisation oder der jeweiligen Abteilung ist von den agilen Praktiken nicht betroffen. Die Mitarbeiter verbringen nur einen kleinen Teil ihrer Arbeitszeit mit agilen Praktiken und sind ansonsten einer Führungskraft zugeordnet. In solchen Fällen ist eine tatsächliche Integration der Prozesse kaum notwendig und die organisatorischen Herausforderungen sind gering.

Völlig andere Voraussetzungen sind gegeben, wenn z. B. in einem großen Entwicklungsprojekt einzelne Arbeitspakete durch agile Teams bearbeitet, andere davon abhängige Pakete aber klassisch abgewickelt werden. Wenn die übergreifende Steuerung durch eine Projektleitung nach standardisierter Methodik verläuft und die Gesamtentscheidungen durch einen mit Führungskräften besetzten Lenkungsausschuss getroffen werden, müssen die Vorgehensweisen integriert und abgestimmt werden. Die wesentliche Frage ist hier, wer den Takt vorgibt. Meistens wird der übergeordnete Takt von den Standardprozessen bestimmt, d. h. die agilen Prozessanteile sind nur insoweit frei, wie sie sich noch innerhalb eines allgemein vorgegebenen Rahmens bewegen. Die Ausbalancierung zwischen Freiheit des agilen Teams, welches sich selbstständig Ziele setzt und z. B. Sprintphasen definiert, und den Steuerungsanforderungen des Gesamtprojektes verlangt von allen Verantwortlichen eindeutige Absprachen, ein klares Commitment und viel Vertrauen. Ein solches Vorgehen birgt gleichzeitig die Chance, die bisherigen Vorgaben auf den Prüfstand zu stellen und längst überflüssige Detailregelungen zu „entrümpeln".

Klassisch und agil – Programmmanagement in der Entwicklung

Start: Der Agilitäts-Check: Die Projekte und Arbeitspakete durchlaufen zunächst einen Agilitäts-Check, um zu ermitteln, ob es sinnvoll ist, sie agil oder aber klassisch zu steuern. Je nach Ergebnis gelten entsprechende Vorgehensweisen, welche in Standard Operating Procedures (SOPs) festgelegt sind.

Zielfestlegung über „Zielwolke": Der VUKA-Welt wird Rechnung getragen, indem nicht von Anfang an eine komplette Zielfestlegung getroffen werden muss. Stattdessen erfolgt zunächst die Festlegung in Form einer Zielwolke, welche im Verlauf Schritt für Schritt ausdetailliert und zu einem Zielsystem konkretisiert wird, um die Erfahrungen aus den Iterationen berücksichtigen zu können. Die Zielwolke enthält gewisse Mindestanforderungen, die erfüllt werden müssen.

(Einzel-)Projektsteuerung über SOPs: Steuerungsstruktur und Methoden werden für jedes Projekt gemäß Aufgabe, Umfeld etc. individuell definiert.

Bestimmte Aspekte sind jedoch in den SOPs hinterlegt. Für agile Projekte enthalten die SOPs folgende Aspekte:

- eine Grundstruktur als Ausgangspunkt, von der jedoch Abweichungen zugelassen werden, wenn das Team sich gemeinschaftlich dafür entscheidet (damit wird der notwendigen Flexibilität des Prozesses Rechnung getragen)
- die Erstellung und Aktualisierung der Zielwolke
- die Definition eines festen Projektteams und der Anspruch, dass dieses nur gemeinsam fertig wird, sich also gegenseitig aushilft. Die Qualitätsregel lautet: „Erst wenn alle fertig sind, d. h. alle Tests erfolgreich abgeschlossen sind und die vollständige Dokumentation vorliegt, ist ein Arbeitspaket fertig."
- die Festlegung von Verantwortlichkeiten für bestimmte Aspekte und Entscheidungen (dies kann auch „gemeinsam als agiles Team" bedeuten)
- die Festlegung, wie Transparenz über den Arbeitsfortschritt geschaffen wird (das kann, muss aber nicht ein Kanban-Board sein)
- die Festlegung, wann die Projektziele als erreicht angesehen werden (dies kann z. B. eine detaillierte Tabelle mit nachvollziehbar positiven Testergebnissen sein) und wann das Projekt als beendet gilt
- die Notwendigkeit der Festlegung von zugehörigen Partnerprojekten und der Bestimmung von Ansprechpartnern der Kunden.
- die Dokumentation der mit den Kunden getroffenen Absprachen hinsichtlich definierter Aspekte, z. B. der Festlegung der Dokumentation von Entscheidungen, der Kommunikationsprozesse und verbindlicher fachlicher Vorgaben.
- die Durchführung von Daily Standup-Meetings pro Projekt. In diesen müssen wesentliche Entscheidungen des Teams dokumentiert werden, wobei das Team die Art der Dokumentation selber für die Projektdauer verbindlich festlegt.

Vorgaben des Programmmanagements

- Alle Projekte werden in übergeordnete Review-Zyklen mit verbindlichen Meilensteinen eingebunden, zu denen vorab festgelegte Qualitätskriterien überprüft und über den Start der nachfolgenden Projektprozesse entschieden wird („Quality Gates").
- Drei Quality Gates müssen pro Projekt durchlaufen werden. In agilen Projekten das erste nach Festlegung der kritischen Funktionalitäten (i. d. R. nach dem zweiten Sprint), das zweite nach Erstellung des funktionalen

Prototypen und das dritte nach Finalisierung zur Freigabe durch den Kunden.[1] Zu diesen Quality Gates erfolgt eine ausführliche Dokumentation nach festgelegter Struktur. Dabei ist wesentlich, die Anforderungen der zu liefernden Details der ersten zwei Quality Gates nicht zu hoch zu setzen, da sie sonst zu agilen Projekten nicht passen. Dafür wurden „Leitplanken" entwickelt, welche einzuhalten sind. Eine Anpassung dieser Anforderungen ist zudem individuell nach Absprache möglich, allerdings ist die Zulässigkeit anhand eines festgelegten Risikomanagement-Checks zu überprüfen.

Im Rahmen des Forschungsprojektes wurde deutlich, dass bei der Projektsteuerung die Akzeptanz grober Schätzungen mit iterativen Verbesserungen im Zeitverlauf insgesamt zu ehrlicheren Planungsinformationen und damit einer verlässlicheren Zeit- und Kostenplanung führt. Zugleich bietet ein solches Vorgehen eine Basis für schnellere Entscheidungen. Allerdings wird auch mehr Disziplin der Entscheider gefordert. Bei einem selbststeuernden Team können nicht mehr einfach neue Anforderungen „am Prozess vorbei" hereingegeben werden, da z. B. Sprints schon im Voraus thematisch geplant sind.

In Projekten wie Prozessen sind die Übergänge von agilen zu klassischen Prozessschritten besonders zu regeln. Hier kommt der bewussten Gestaltung der Kommunikation aller Beteiligten eine hohe Bedeutung zu. Es ist meistens von Vorteil, wenn Vertreter der nachfolgenden Abteilungen gezielt und regelmäßig, z. B. in Reviews, mit eingebunden werden.

Neben den organisatorischen Herausforderungen gilt es bei der Einführung von Agilität auch Herausforderungen persönlicher Natur zu meistern. Die unterschiedlichen Freiheitsgrade von agilen und klassischen Teams erwecken Vorurteile, Neid und Ängste und überfordern manche Mitarbeiter.

3.2   Kompetenzen, Bereitschaft und Selbststeuerung

Wie schon in Abschn. 1.2 dargestellt, hängt der Erfolg agiler Teams wesentlich von der Teamzusammensetzung ab. Alle relevanten Perspektiven sollten integriert und von kompetenten Teammitgliedern vertreten werden. Dabei sind Erfahrungen mit agilem Arbeiten oder Kenntnisse agiler Methoden von Vorteil. Wenigstens

---

[1]Diese Quality Gates sind angelehnt an den Design Thinking Makrozyklus, wie er dargestellt wird in Lewrick et al. (2017, S. 37).

einige der Beteiligten sollten diese besitzen. Hilfreich wäre auch ein erfahrener und in agilen Methoden versierter Moderator, um bei der Methodenauswahl zu unterstützen und deren richtige Anwendung sicher zu stellen. Viele Organisationen können noch nicht auf einen solchen Moderatorenpool zurückgreifen, sodass die Ausbildung in agilen Grundprinzipien und Methoden Bestandteil der Aus- und Weiterbildung sein sollte.

Nicht jeder fachlich kompetente Mitarbeiter ist bereit und fähig, die Verantwortung im Rahmen eines selbststeuernden Teams zu übernehmen und sich mit agilen Praktiken auseinanderzusetzen. Die Arbeit in einem agilen Team verlangt den Mitgliedern viel ab. Der Anspruch „wir sind erst fertig, wenn alle fertig sind" steht im direkten Gegensatz zum Dienst nach Vorschrift, bei dem pünktlich um 17 Uhr der Arbeitstag beendet ist. Zeitliche Flexibilität ist dabei ebenso gefragt wie ein „agiles Mindset".

Unter einem agilen Mindset werden je nach Veröffentlichung verschiedene Aspekte zusammengefasst. Grundsätzlich beschreibt der Begriff „Mindset" die Denk- und Handlungslogik von Menschen oder Organisationen, also die Art und Weise, wie diese handeln bzw. das Handeln ihrer Organisationsmitglieder prägen und auf welcher Haltung dieses Handeln beruht (Hofert 2018, S. 3–4). Zu einem agilen Mindset gehören aus personenbezogener Sicht insbesondere Veränderungsbereitschaft, die Fähigkeit zur Selbstreflexion, Teamfähigkeit und Engagement für die gemeinsame Sache. Dazu gehört auch eine gewisse Risikobereitschaft, also der Mut, Dinge auszuprobieren, die Ungewissheit der Erfolgsaussichten des gewählten Weges auszuhalten und Fehler als konstruktive Information auf dem Weg zur passenden Lösung zu verstehen. Menschen, die nach Sicherheit streben und Routinearbeiten vorziehen fühlen sich in agilen Prozessen entsprechend unglücklich und überfordert. Zudem ist nicht jeder ein wirklich überzeugter Teamarbeiter. Wie es ein Softwareentwickler ausdrückte: „Nicht alle Mitarbeiter sind glücklich damit, sich abstimmen zu müssen. Manche Entwickler arbeiten lieber für sich allein." Gemäß den Aussagen der Interviewpartner, welche von verschiedenen Quellen gestützt werden (u. a. Obmann 2019, S. 59; Hofert 2018, S. 4), findet maximal die Hälfte der Mitarbeiter selbstgesteuertes agiles Arbeiten wirklich gut. In vielen Veröffentlichungen zur Agilität wird darauf verwiesen, dass die nachwachsende Mitarbeitergeneration der Gen Y – also der zwischen 1980 und 1999 Geborenen – per se ein deutlich flexibleres Mindset aufweist und die Freiheit in der Arbeitsgestaltung gezielt sucht. Leider kann dies so pauschal nicht bestätigt werden. 2014 berichtete die FAZ, dass die Zahl der Beschäftigten im öffentlichen Dienst wieder steigt, und dass sich viele wieder nach festen Ordnungen und Regelwerken sehnen (Grossarth et al. 2014).

Die Kunst besteht darin, die richtigen Mitarbeiter für die agilen (Teil-)Prozesse zu finden. Es empfiehlt sich, dafür einen sanften Einstieg zu wählen. Manche Organisationen beginnen damit, dass Mitarbeiter sich freiwillig für agile (Verbesserungs-)Teams melden können. Damit ist zumindest eine grundsätzliche Bereitschaft für diese neue Arbeitsweise vorhanden. Wenn jedoch ein bestimmtes Fachwissen nur bei einem bestimmten Mitarbeiter vorhanden ist, muss dieser für das Projekt rekrutiert werden. Die meisten Interviewpartner haben festgestellt, dass es ihnen vorab unmöglich war, verlässlich vorherzusagen, welche Mitarbeiter mit agilen Praktiken zurechtkommen und welche nicht. Während manche vorher kritischen Mitarbeiter erstaunlicherweise im agilen Team aufblühten, waren andere trotz anfänglicher Euphorie im Verlauf der Zeit völlig verunsichert und zogen sich in sich selbst zurück. Jede Organisation, die in der Breite agile Arbeitsweisen einführt, muss sich darauf einstellen, einen erheblichen Anteil an Mitarbeitern durch diese Änderung zu verlieren. Dazu gehört auch, dass manche enthusiastisch gestarteten Agilitätsprojekte schleichend wieder zum Status quo zurückkehren, indem z. B. Entscheidungen von den agilen Teams einfach an höherrangige Führungskräfte zurückdelegiert werden. Die Haltung der beteiligten Führungskräfte übt einen wesentlichen Einfluss darauf aus, ob die Mitglieder agiler Teams sich mit den agilen Prozessen letztlich wohl fühlen.

3.3   Obsolete Führungskräfte

Wie in Abschn. 1.2 erläutert, steuert sich ein agiles Team ohne Führungskraft selbst. In vollständig agilen Prozessen sind Führungskräfte der mittleren Ebenen damit überflüssig. Vielen Führungskräften ist dieser Zusammenhang nicht bewusst, wenn sie Agilität zum Ziel der Organisationsentwicklung erheben. Deshalb fehlt es in den meisten Organisationen an einer sinnvollen Rollenklärung.

Wird die Entscheidungshoheit an das agile Team abgegeben, hat die bisherige Führungskraft bei einer ernst gemeinten Einführung agiler Praktiken zwei Wege offen: Nach unten, also näher an die Facharbeit und hinein in die Steuerung des Prozesses. Oder nach oben, also ein völliger Rückzug von der operativen Ebene in die Strategie. Beides verlangt Führungskräfte mit entsprechenden Kompetenzen und Fähigkeiten. Wenn eine Organisation schon vorher eine stark partizipative Führungsphilosophie hatte, ist es leichter, Führungskräfte zu finden, die sich engagiert als Moderator (z. B. in der Rolle des Scrum Masters) in den agilen Arbeitsprozess begeben, ohne sich durch die Abgabe von Entscheidungsmacht degradiert zu fühlen. Ein solcher Prozesssteuerer braucht ein hohes Maß an Kommunikationskompetenz und Empathiefähigkeit. Schließlich soll er die

Selbststeuerungskompetenzen der Mitarbeiter stärken und dafür sorgen, dass die Arbeits- und Unternehmensziele allen so verständlich sind, dass sie die Zielerreichung effektiv vorantreiben können. Er braucht auch einen breiten Rücken, denn er sorgt dafür, dass das Team z. B. in intensiven Sprint-Phasen nicht durch neue Anforderungen von außen gestört wird. Es ist unmittelbar klar, dass diese Rolle nicht so ohne weiteres von jeder klassischen Führungskraft ausgefüllt werden kann. Wie es ein Interviewpartner formulierte: „Bei Machtgehabe geht das nicht". Die Alternative, die Führungskräfte stärker in die strategische Steuerung zu integrieren und von der Tagesarbeit zu entlasten, verlangt allerdings entsprechende strategische Kompetenzen und das Interesse an übergeordneten Zusammenhängen. Hier entsteht schnell die Gefahr der Dopplung der strategischen Verantwortung, da diese i. d. R. schon vorher von einer übergeordneten Führungskraft getragen wurde.

Für stark hierarchisch geprägte Organisationen mit einer streng an den Führungsebenen ausgerichteten Informationspolitik und entsprechend an Macht und Status orientierten Führungskräften ist ein agiler Wandel besonders schwer zu beherrschen. Ohne eindeutigen „Rückenwind" von ganz oben wird Agilität in solchen Organisationen nicht funktionieren. Selbst mit einem entsprechenden Auftrag des Top-Managements muss sich diese Organisation darauf einstellen, viele ihrer bisherigen Führungskräfte zu verlieren, welche mit dem Wandel nicht klarkommen. Im Worst Case werden diese Führungskräfte allerdings nicht aus der Organisation ausscheiden, sondern versuchen, agile Praktiken zu torpedieren. Unveränderte oder fehlende Rollenbeschreibungen der Führungskräfte in agilen Prozessen bieten für solche „Untergrundkämpfer" einen idealen Nährboden. Solche Führungskräfte können agilen Teams auf verschiedene Weise das Leben erschweren. So können sie z. B. ihren agilen Teams ein detailliertes Reporting für alle nur im Team getroffenen Entscheidungen auferlegen. Umfangreiche Berichtspflichten und entsprechende Kommentare der Führungskraft schränken die Selbststeuerung der Teams – zumindest gefühlt – sehr ein und führen schnell dazu, dass aus Angst vor nachträglichen Repressalien bei nicht genehmen Teamentscheidungen die Meinung der Führungskraft doch vorab eingeholt wird. Ebenso kann die Führungskraft eine straffe Fehlerkultur befeuern, indem sie bei ergebnislos abgebrochenen Arbeitspaketen und nicht erreichten (Zwischen-)Zielen das Team zur Rechenschaft zieht und öffentlich bloßstellt. Obliegt dieser Führungskraft weiterhin die Mitarbeiterbeurteilung wird echter Agilität so schnell der Boden entzogen. Die einzige Chance gegen solche Führungskräfte ist eine konsequente Stärkung der Teams durch das Top-Management und das Ausphasen dieser Person aus sämtlichen Berichts- und Entscheidungsprozessen.

Wie frei und erfolgreich agile Teams agieren können hängt somit auch stark von den organisational sanktionierten Führungs- und Personalinstrumenten ab.

3.4 Instrumente des Personalmanagements

Viele der modernen Arbeits- und Organisationskonzepte, die gängiger Weise nach Frithjof Bergmann unter dem Sammelbegriff „New Work" zusammengefasst werden, basieren idealerweise auf der Idee einer sinnstiftende Form der Arbeit, in welcher sich Menschen frei und selbstbestimmt verwirklichen können.[2] Dazu gehören auch agile Praktiken. Diese neue, freie Arbeitswelt steht häufig im direkten Gegensatz zu den etablierten Personalinstrumenten, welche sich wesentlich aus der arbeitsteiligen Welt des industriellen Zeitalters entwickelt haben. Es ist daher nicht verwunderlich, dass sich einige dieser Personalinstrumente für agile Praktiken nicht eignen und manche davon sogar kontraproduktiv sind.

Dreh- und Angelpunkt der meisten Ziel- und Beurteilungsverfahren ist die Führungskraft. Obliegt dieser die disziplinarische Verantwortung, ist sie damit unmittelbar verantwortlich für Karriereentwicklung oder – im Falle von Pay-for-Performance-Systemen – sogar für die Entlohnung. Boni, Leistungsprämien und Weiterbildungsmöglichkeiten hängen direkt von der Beurteilung des Mitarbeiters durch die Führungskraft ab. Verbringt nun ein Mitarbeiter seine Arbeitszeit vor allem in einem agilen Team ohne Beteiligung der Führungskraft, stellt sich die Frage, wie dieser dann noch gerecht beurteilt werden kann. Wie es eine Führungskraft sagte „Führung ist in selbststeuernden Teams zwei Schritte weiter hinten als sonst." Damit bekommt eine Führungskraft nur die Ergebnisse, nicht jedoch den Beitrag der einzelnen Teammitglieder mit. De facto wird bei agilen Teams in normalen Organisationsumgebungen die noch vorhandene Führungskraft vor allem dann involviert, wenn dringend weitere Ressourcen benötigt werden oder wenn die strategische Ausrichtung unklar ist. Wichtig sind Führungskräfte auch dann noch, wenn ein Projekt trotz aller Bemühungen endgültig scheitert und dies vor Kunden, dem Vorstand oder Investoren vertreten werden muss. Führungskräfte haben nur dann noch direkten Einblick in den Arbeitsprozess des agilen Teams, wenn sie eine agile Rolle (z. B. Moderator oder Scrum Master, Product Owner oder Kunde) übernehmen. Selbst dann können sie eine verlässliche Beurteilung kaum abgeben.

---

[2]Details dazu sind nachzulesen in Bergmann (2008).

Eine Alternative wäre natürlich der Verzicht auf eine Beurteilung. Das bedeutet in den meisten Organisationen jedoch gleichzeitig ein Verzicht auf die Nutzung der darüber vergebenen Anreize und wäre dem Engagement des Mitarbeiters in dem agilen Team sicherlich nicht förderlich. Denkbar wäre auch, dass das Team die Beurteilung selber vornimmt. Darin müssten dann jedoch alle Teammitglieder geschult sein. Zudem stehen sie bei knappen Ressourcen in direkter Konkurrenz zu einander, z. B. wenn das teaminterne Weiterbildungsbudget nur für drei Personen ausreicht. Eine solche Situation beeinflusst naturgemäß die Einschätzung. Bisher gibt es keine perfekte Lösung – wohl mit ein Grund, warum viele Organisationen richtig agile Teams nur für Sonderfälle einsetzen.

Ein weiteres Problem stellen die Arbeitszeitregelungen für agile Teams dar. Mit dem EuGH-Urteil vom 14. Mai 2019 wurden Arbeitgeber in allen EU-Mitgliedsstaaten dazu verpflichtet, die tägliche Arbeitszeit ihrer Arbeitnehmer objektiv und systematisch zu erfassen. Damit soll abgesichert werden, dass die vorgegebenen Ruhezeiten und Begrenzungen der Höchstarbeitszeiten tatsächlich eingehalten und die Arbeitnehmer besser geschützt werden. Dies erschwert die gesetzeskonforme Umsetzung des Prinzips „wir gehen erst nach Hause, wenn alles fertig ist" erheblich und schränkt je nach Ausgestaltung die Möglichkeiten der selbstgesteuerten Teamarbeit deutlich ein. Von den noch zu definierenden Detailregelungen für die Umsetzung wird abhängen, wie stark dieses Urteil die Möglichkeiten agilen Arbeitens limitiert.

Jetzt schon führen die Unterschiede in der Gestaltung der Arbeitswelten dazu, dass die Mitarbeiter selbst die jeweils andere Arbeitsweise kritisch beäugen. Schnell fühlen sich die Mitarbeiter in klassischen Prozessen durch die vermeintlichen Freiheiten der agilen Kollegen zurückgesetzt, während sich die agilen Kollegen aufgrund der entstehenden Unsicherheiten bezüglich Arbeitserfolg und Beurteilung ungerecht behandelt fühlen. Ein Unternehmen, was Agilität im hohen Maße einführt, muss sich dabei auseinandersetzen, welche Instrumente wie eingesetzt werden können, und ob eine Gleichbehandlung nach dem Motto „one size fits all" unter diesen Umständen nicht schnell zu „one size fits none" verkommt. Hinzu kommt die Notwendigkeit, Erfahrungen mit Agilität und agilen Rollen in die strategische Einstellungs- und Karriereplanung mit aufzunehmen. Dabei ist zu beachten, dass die Beschäftigung von Freiberuflern in agilen Teams die Gefahr der Scheinselbstständigkeit bergen kann, wenn diese komplett in unternehmensinterne Teams integriert werden und die Arbeitsergebnisse nicht schon zu Beginn konkret vertraglich vereinbart werden (Kalbfus 2019). Nicht zuletzt gilt es auch, die Postulate des Lean Managements kritisch zu würdigen. Wer Agilität ernsthaft betreibt, muss die Möglichkeit haben, optimale Teams zusammenzustellen. Ein

Unternehmen, was so „lean" ist, dass schon die Krankheit eines Teammitgliedes das Funktionieren wesentlicher Prozesse infrage stellt, wird dies nicht darstellen können. Für den professionellen Umgang mit Agilität ist eine auf Basis der vorhandenen Standardprozesse eher großzügig bemessene Personaldecke ein wesentlicher Erfolgsfaktor.

Der Vorteil von agilen Praktiken liegt darin, dass sich die erbrachte Leistung gut über die erlangten Ergebnisse beurteilen lässt. Dies entspricht genau der Logik von ISO 9001:2015: Output matters. Zur Beurteilung der Funktionsfähigkeit der Prozesse, der Angemessenheit der Vorgehensweisen und ebenfalls der beteiligten Mitarbeiter lassen sich (selbst definierte) Ziele und eigenständige Zielerreichung sehr gut heranziehen. Im Falle des Rettungsdienstes ist es die gelungene Notfallversorgung, im Falle der individuellen Kundenauftragsbearbeitung die Realisierung des kundenindividuellen Produktes innerhalb von 24 Stunden. Hier schließt sich auch der Kreis:

Agilität und ISO 9001 passen sehr gut zusammen, aber es kommt im Detail auf die individuelle Ausgestaltung an.

Was Sie aus diesem *essential* mitnehmen können

- Agile Praktiken lösen VUKA-Probleme und sind bestimmt durch agile Teams und die Nutzung agiler, iterativer Vorgehensweisen.
- Agilität und ISO 9001 passen sehr gut zusammen, wenn bestimmte Rahmenbedingungen beachtet und individuell-kreative Lösungen akzeptiert werden. Agile, selbstgesteuerte Teams sind für ISO 9001 kein Problem!
- Prozesssteuerung ist unverzichtbar, auch in agilen Prozessen. Die BIG FIVE helfen bei der Zuordnung.
- Die Praxis birgt so einige Stolpersteine, aber die Herausforderungen sind lösbar.

© Springer Fachmedien Wiesbaden GmbH, ein Teil von Springer Nature 2020   45
P. Adam, *Agil in der ISO 9001*, essentials,
https://doi.org/10.1007/978-3-658-28311-7

Literatur

Adam, P. A. (2018). *System(at)isch agil. Wie agile Prozesse in ein Managementsystem nach ISO 9001:2015 integriert werden können*. Whitepaper. Hochschule Hannover, Hannover. https://doi.org/10.25968/opus-1268. Zugegriffen: 23. Aug. 2019.

Adam, P. A. (2019). Ziemlich beste Freunde. Agilität und ISO 9001. *Qualität und Zuverlässigkeit*, 01/2019, S. 44–47. https://www.qz-online.de/qz-zeitschrift/archiv/artikel/agilitaet-und-iso-9001--7221820.html. Zugegriffen: 23. Aug. 2019.

The Agile Alliance (Hrsg.). (2001). *Manifest für Agile Softwareentwicklung*. http://agilemanifesto.org/iso/de/manifesto.html. Zugegriffen: 22. Okt. 2017.

Amazon. (2019). *Ergebnisse oder Vorschläge für Bücher: „agilität" oder „agil"*, Amazon. https://www.amazon.de/s?k=agilit%C3%A4t&i=stripbooks&__mk_de_DE=%C3%85M%C3%85%C5%BD%C3%95%C3%91&ref=nb_sb_noss_1. Zugegriffen: 14. Juni 2019.

Bergmann, F. (2008). *Neue Arbeit, neue Kultur* (5. Aufl.). Freiamt im Schwarzwald: Arbor.

Blair, S. & Rillo, M. (2019). *Serious Work: Meetings und Workshops mit der Lego® Serious Play® Methode moderieren*: Vahlen.

Blatt, M. & Sauvonnet, E. (Hrsg.). (2017). *Wo ist das Problem? Mit Design Thinking Innovationen entwickeln und umsetzen* (komplett überarbeite, 2. Aufl.). München: Verlag Franz Vahlen.

Eisenberg, F. (2018). *Kanban – mehr als Zettel*. München: Carl Hanser Verlag GmbH & Co. KG. https://doi.org/10.3139/9783446457164.

Fleischmann, A., Schmidt, W., Stary, C., Obermeier, S. & Börger, E. (2011). *Subjektorientiertes Prozessmanagement. Mitarbeiter einbinden, Motivation und Prozessakzeptanz steigern*. München: Hanser.

Foegen, J. M. & Kaczmarek, C. (2016). *Organisation in einer digitalen Zeit. Ein Buch für die Gestaltung von reaktionsfähigen und schlanken Organisationen mit Hilfe von Scaled Agile & Lean Mustern* (3. Aufl.). Darmstadt: Wibas GmbH.

Graf, N., Gramß, D. & Edelkraut, F. (2017). *Agiles Lernen. Neue Rollen, Kompetenzen und Methoden im Unternehmenskontext* (1. Aufl.). Freiburg: Haufe.

Grossarth, J., Löhr, J. & Pennekamp, J. (2014). Im Sturm und Drang auf den Beamtensessel. *Frankfurter Allgemeine Zeitung*. https://www.faz.net/aktuell/wirtschaft/junge-studenten-ziehen-eine-stelle-beim-staat-der-freien-wirtschaft-vor-13028053.html. Zugegriffen: 23. Aug. 2019.

Hanschke, I. (2017). *Agile in der Unternehmenspraxis*. Wiesbaden: Springer Fachmedien Wiesbaden. https://doi.org/10.1007/978-3-658-19158-0.

Hofert, S. (2016). *Agiler führen*. Wiesbaden: Springer Fachmedien Wiesbaden. https://doi.org/10.1007/978-3-658-12757-2.

Hofert, S. (2018). *Das agile Mindset. Mitarbeiter entwickeln, Zukunft der Arbeit gestalten*. Wiesbaden: Springer Fachmedien Wiesbaden. https://doi.org/10.1007/978-3-658-19447-5.

Hübler, M. (2018). *Menschlich – Demokratisch – Agil. Agilität mit Verantwortung* (Metropolitan Bücher, 1. Aufl.). Regensburg: Walhalla und Praetoria.

Information is Beautiful. (2015). *Codebases. Millions of lines of code, v 0.9*, Information is Beautiful. https://informationisbeautiful.net/visualizations/million-lines-of-code/. Zugegriffen: 24. Juni 2019.

Japing, T. A. (2018). *Steuerungsmechanismen agiler Prozesse*. Masterarbeit. Hochschule Hannover, Hannover. https://doi.org/10.25968/opus-1269. Zugegriffen: 23. Aug. 2019.

Japing, T. A. & Adam, P. A. (2019). Die geplante Flexibilität – ISO 9001-konforme Steuerung agiler Prozesse. *QZ Qualität und Zuverlässigkeit*, 03/2019, S. 44–47. https://www.qz-online.de/qz-zeitschrift/archiv/artikel/iso-9001-konforme-steuerung-agiler-prozesse--7575892.html. Zugegriffen: 9. Juli 2019.

Kalbfus, M. (2019). Zwischen agil und illegal. Neu Arbeitsformen und Scheinselbständigkeit. *Frankfurter Allgemeine Zeitung*, Nr. 124, S. 16.

Klaffke. (2019). *Gestaltung agiler Arbeitswelten*: Springer Fachmedien Wiesbaden.

Komus, A., www.scrum.org & GPM – Deutsche Gesellschaft für Projektmanagemente. V. (Mitarbeiter). (2017). *Abschlussbericht: Status Quo Agile 2016/2017. 3. Studie über Erfolg und Anwendungsformen von agilen Methoden*. www.status-quo-agile.de.

Lewrick, M., Link, P. & Leifer, L. (2017). *Das Design Thinking Playbook*: Verlag Franz Vahlen GmbH. https://doi.org/10.15358/9783800653850.

Obmann, C. (2019). Einer muss den Job ja machen. *Handelsblatt*, Wochenende 21./22./23. Juni 2019, Nr. 117, S. 58–59.

Rettungsdienst-Kooperation in Schleswig-Holstein (RKiSH) gGmbH. (2019a). *Ein Rettungsdienst mit Charakter*, Rettungsdienst-Kooperation in Schleswig-Holstein (RKiSH) gGmbH. https://www.rkish.de/unternehmen/wer-wir-sind/die-rkish.html. Zugegriffen: 25. Juni 2019.

Rettungsdienst-Kooperation in Schleswig-Holstein (RKiSH) gGmbH. (2019b). *Für den Notfall gerüstet*, Rettungsdienst-Kooperation in Schleswig-Holstein (RKiSH) gGmbH. https://www.rkish.de/notruf-112/wer-kommt/das-rettungsteam.html. Zugegriffen: 25. Juni 2019.

Scheller, T. (2017). *Auf dem Weg zur agilen Organisation. Wie Sie Ihr Unternehmen dynamischer, flexibler und leistungsfähiger gestalten* (1. Aufl.). München: Verlag Franz Vahlen.

Schwaber, K. & Sutherland, J. (2017). *Der Scrum Guide (TM). Der gültige Leitfaden für Scrum: Die Spielregeln*. https://www.scrumguides.org/docs/scrumguide/v2017/2017-Scrum-Guide-German.pdf. Zugegriffen: 4. Juli 2019.

Sommerhoff, B. (2016). *Manifest für Agiles Qualitätsmanagement*, DGQ Deutsche Gesellschaft für Qualität. http://blog.dgq.de/manifest-fuer-agiles-qualitaetsmanagement/. Zugegriffen: 22. Okt. 2017.